Amores solitarios

Amores solitarios

Morgane Ortin

Traducción de Marta Armengol

Rocaeditorial

© 2018, Éditions Albin Michel

Primera edición: mayo de 2019

© de la traducción: 2019, Marta Armengol
© de esta edición: 2019, Roca Editorial de Libros, S.L.
Av. Marquès de l'Argentera 17, pral.
08003 Barcelona
actualidad@rocaeditorial.com
www.rocalibros.com

Impreso por LIBERDÚPLEX, S. L. U.
Sant Llorenç d'Hortons (Barcelona)

ISBN: 978-84-17541-50-7
Depósito legal: B-9096-2019
Código IBIC: YFB

RE41507

Prólogo

*E*stoy enamorada del amor. Me enamora amar, me enamora decirlo, escribirlo, leerlo y releerlo. Me enamoran las palabras de amor que se susurran al oído, las que se exclaman de madrugada, las que se dejan por la mañana en la esquina de una mesa para que otro las encuentre, las que uno descubre en el teléfono en un momento inesperado. Son palabras que no quiero dejar perder, que quiero extraer del momento en el que se han escrito o leído para conservar su brillo.

Hace dos años me enamoré hasta las trancas. Mi teléfono se convirtió en un paraíso oculto de intercambios apasionados que sería una pena olvidar. En el fondo tenía ganas de compartirlos, aunque fueran algo profundamente íntimo. Empecé a hacer capturas de pantalla de forma sistemática. Pero incluso así, almacenados en mi teléfono, esos recuerdos se perdían entre otras fotos y vídeos que se acumulaban inexorablemente. Necesitaban otro sitio, un lugar único, intangible, participativo y benevolente, un rinconcito aparte que encontré al crear una cuenta de Instagram en la que publicar mensajes de amor de forma anónima. Ese rincón es Amours Solitaires, en plural, porque, aunque al principio solo exponía en ella mis propios mensajes de amor, hoy en día recibo centenares de mensajes con regularidad.

Enamorados Solitarios, enamorados del amor, ya no estamos solos.

Cada día intento cristalizar a través de lo que publico el momento singular en el que el amor cuaja, en el que la emoción se dispara con un simple timbrazo del teléfono y en el que se vuelve más importante que nunca elegir las palabras para responder; en el que cada nueva sílaba es una caricia para los sentidos; pero también el instante en que el amor, tan frágil, se apaga y desaparece.

Para mí, cada mensaje que publico es una llamada al amor, a escribir sobre el amor, y rebate dos cosas:

—En primer lugar, ese rumor que corre según el cual las letras han muerto, la gente ya no sabe escribir y la imagen ha sustituido a la palabra. Porque cada día circulan una multitud de mensajes que, aislados en la intimidad de los teléfonos, contradicen ese rumor de la forma más bella. Las letras no han muerto: han evolucionado gracias a los nuevos soportes que nos ofrece la tecnología. Puede que estén más vivas que nunca.

—En segundo lugar, esa idea de que no está bien ser romántico. Durante muchos años se ha elogiado el distanciamiento y la resistencia al romanticismo, una actitud que parece inspirada por el refrán popular «En la guerra del amor, el que huye es vencedor». De ahora en adelante debemos destruir el imperio de la falsa indiferencia y el tabú de los sentimientos, que no están ni obsoletos ni pasados de moda. Los centenares de mensajes de amor que recibo a diario en Amours Solitaires son prueba de ello y, viéndolos en su conjunto, tengo la profunda convicción de que son los primeros signos de una revolución del amor.

En el momento de escribir este prólogo he publicado ya 518 SMS en Amours Solitaires y he recibido cientos de mensajes más que del mismo modo merecerían ver la luz. Al leerlos seguidos he descubierto cómo se tendían vínculos entre mensajes que no se escribieron en respuesta mutua. Situándolos unos a continuación de otros, he visto intercambios, discusiones, declaraciones, conflictos, como si esos mensajes fueran piezas de un rompecabezas que pudieran ensamblarse para formar un todo. He elegido los mensajes de 278 contribuciones anónimas y, al unirlos, nació este libro, una historia de amor a través de mensajes de texto entre dos personajes cuya identidad desconocemos.

Para mí, este libro es el lugar de encuentro de todos esos amores solitarios que, sin saberlo, se convirtieron en solidarios. Juntos han creado una gran historia de amor alimentada por 278 conversaciones anónimas. Hubieran podido escribirse miles de historias de amor diferentes con la preciosa materia prima de la que disponía. Yo he elegido la que sigue.

MORGANE ORTIN

ÉL YA HABÍA CONOCIDO EL AMOR.
ELLA TAMBIÉN LO HABÍA VISTO PASAR.
ESTA ES LA HISTORIA DE AMOR DE LOS DOS.
EL AMOR QUE CAE COMO UN METEORITO,
AQUÍ Y AHORA.

CAPÍTULO 1

¿QUIERES MI NÚMERO?

14 de enero

00:45

¿Quieres mi número? Lo quieras o no, aquí lo tienes. Llámame para cualquier urgencia/preguntarme lo que quieras sobre mi vida/un baño a cualquier hora. Gracias por la cena y todo lo demás. Me lo he pasado muy bien. Hasta pronto, espero.

02:22

Me encuentro en un estado anormal y no quiero decir nada anormal, pero te deseo la mejor noche desde que la noche es noche y el mundo es mundo.

15 de enero

16 de enero

17 de enero

Hola, solo me preguntaba cómo estarías, andando por estas calles soleadas.
☼

Vaya, qué curioso, justo estaba pensando en ti. Estoy muy bien. Estoy escuchando un fragmento de las *Vexations* de Satie, no sé si las conoces, pero es increíble, y como estuvimos hablando de él la otra noche… Es una pieza que compuso después de que Suzanne Valadon lo dejara. La melodía es muy corta y está pensada para que la toquen 840 veces seguidas, entre doce o veinticuatro horas de ejecución. Me ha parecido fabuloso y he tenido ganas de compartirlo.

Es increíble las estupideces que se llegan a hacer cuando se sufre mal de amores. Hay una frase que Satie le escribió a ella que me marcó mucho: «En todas partes, no veo más que tus ojos».

La obsesión de una mirada.

18 de enero

19 de enero

20 de enero

¿Qué haces un martes por la mañana cuando no has dormido más de tres horas pero tienes que estar despejado para ir a trabajar?

09:05

Tomarte un café o un zumo. Poner música muy alta. Dar vueltas por tu piso varias veces seguidas. Pasar de todo y volver a la cama.

He empezado por el café. Luego, 20 minutos más tarde, me he decidido por la última solución.

Que descanses, pues. Mi música preferida para echarme la siesta: *Desmond*, de Boe Strummer. Quizá te ayude.

21 de enero

22 de enero

00:47

No consigo conciliar el sueño. Hace una semana que estoy así.

¿Duermes?

No, aún no.

Elige un tema, el que quieras, y lo hablamos por aquí.

Las fantasías.

¿Has tenido fantasías alguna vez?

Sí, muchas veces.

¿Y qué me dices del deseo?

Eso no lo conozco tanto.

Es algo que siempre
he fingido
involuntariamente.

Sentí deseo una vez.
Me hizo temblar.

El deseo debería causarlo
alguien por quien, de
entrada, no sentías deseo.
Debería explotarte
en la cara.

Siempre cuando menos te lo
esperas. Liberado de cualquier
imagen preconcebida.

Las fantasías no deberían expresarse
en imágenes. Solo en palabras
y mediante lo desconocido.

¿Y tus fantasías?

Ahora mismo intento
prohibírmelas. Acabo de salir
de una relación bastante larga,
la ruptura ha sido muy dura,
intento centrarme y darme
tiempo para superarlo.

23 de enero

00:10

He bebido un poco y es curioso
porque ahora mismo tengo ganas
de compartir contigo
lo que oigo, leo o veo.

Cuántos temas de conversación
posibles.

Un océano de posibilidades,
querrás decir.

25 de enero

26 de enero

23:45

Me aburro, pero si pienso en ti me aburro menos. Mándame algo bonito, algo que se parezca a ti.

00:35

«La piedra que soy es una imagen. Seikilos me trae aquí. Signo inmortal de un recuerdo eterno.»

Es la canción más antigua del mundo.

Es una canción de amor.

27 de enero

28 de enero

11:12

Esta mañana estoy con Nabokov, leyendo muchas cosas que me hacen pensar en ti. Me da escalofríos. ¿Quieres que te las mande?

Claro, me encantaría.

Pero te aviso: es muy romántico.

Perfecto.

¿Eso crees?

En el punto en el que estamos…

Pensaba en eso esta noche, he tardado muchísimo rato en dormirme.

¿Pensabas en qué?

En el punto en el que estamos.

«Porque contigo es preciso hablar de un modo asombroso, de la manera que hablamos con las personas que ya no están, no sé si me sigues, en el sentido de pureza y levedad y precisión espiritual, pero yo... Me tambaleo de un modo horrible. Ya sé que se te puede lastimar con un diminutivo feo... Pues toda tú eres tan sonora como el agua de mar, preciosa mía.»

Me quedo sin palabras.

Soy un gran enamorado del amor. Que sepas que me encantaría escribirte cartas así, de verdad.

¡Qué idea tan bonita! Pero, visto el ritmo de nuestros mensajes, me da miedo que las cartas no estén a la altura de esta maquinita infernal. Tenemos que recuperar muchos años de cosas que no nos hemos dicho.

Es cierto, a veces me pregunto si será demasiado. Pero entonces me digo: ¿dónde está el límite? El exceso no existe.

No quiero molestarte.

No te preocupes por eso.
Que tengas un buen día

23:05

Esos deben de ser los espacios más bonitos que he recibido jamás.

¿Cómo estás?
¿Qué haces?

Leo las cartas de amor de Flaubert. Son hermosas y sencillas a la vez. Mira:

«Me di cuenta de que te amaba este invierno, cuando sentí como mías las angustias que te atormentaban. Desde entonces, ocupas un rinconcito aparte…».

Es maravilloso.
La época de las cartas y el papel.

A veces me pregunto lo que Internet hace con nuestros corazones hoy en día.

Creo que los destroza.

Y les prende fuego.

Pero también llega a
resucitarlos.

De todas formas, el amor
es muy frágil. Tal como viene,
se va. De repente. Por la
mañana con el alba.

¿Es esa fragilidad la que hace
que el amor sea tan terrorífico
y bello?

Probablemente. Sabemos
que nace tal como muere.
Con intensidad. Como cuando
se dispara una flecha.

Se habla mucho de cuando
Cupido clava sus flechas en
medio de nuestros corazones,
pero menos del momento
en el que las arranca.

Es una flecha de doble filo:
te da la vida, pero, a la vez,
te mata.

31 de enero

16:45

Me apetece tomarme un vino contigo esta noche.

Pero no parece un plan muy serio, ¿no?

Para nada, en efecto. Siempre podemos invitar a un sujetavelas.

Por si la cosa se sale de madre.

Eso pasará seguro. Tan seguro como jugar con cerillas cerca de un bidón de gasolina.

Esta noche estaré en casa. Pásate si quieres.

Rápidamente, a hurtadillas.

Me has iluminado la noche.

Eso me fascina. No hemos cruzado ningún límite. Cierra los ojitos y cierra este paréntesis. Tú y yo vivimos solo de paréntesis. Es tan bonito como respetable.

Eres un amor. Me da la impresión de haber perdido muchos años de mi vida por no haberte encontrado antes.

1 de febrero

08:20

Por ridículo que pueda parecer, me hubiera encantado despertarme contigo.

10:10

A mí me hubiera encantado que fuera posible.

Especialmente cuando, desde el momento en que nos conocimos, has conseguido hacer latir mi corazón, que yo intentaba en vano mantener en pausa.

Me hizo ilusión que te atrevieras a venir anoche. Sé que es difícil para ti. Me hizo feliz.

Me acosté como un idiota alelado. Esta situación me da placer y me excita, aunque a veces me acojona.

Son muchas cosas confusas que se mezclan.

No sé adónde llegará esto. Eres como un flechazo que llega en mal momento. Eso también forma parte del encanto del asunto, paradójicamente.

El placer de la espera. De la moderación. De las emociones.

¿Sabes? Hacía mucho tiempo que no sucedía algo así. No suele pasarme, así que en este momento de mi vida intento gestionarlo tan sabiamente como puedo, intentando mantener las promesas que me he hecho.

Es necesario.

Me contendré para no presentarme en tu casa de madrugada, te lo prometo.

Para nada. Me encantaría que eso pasara cada noche.

2 de febrero

22:55

Se te estarán poniendo
fuertes las piernas
de tanto dar vueltas
por mi cabeza.

La sonrisita imbécil que me
sale cada vez que me mandas
un mensaje empieza a hacerse
molesta…

3 de febrero

22:10

22:50

Me pueden las ganas de decírtelo:
tengo muchas ganas de verte.

Y hay muchas otras cosas
que quisiera decirte.

01:05

No nos pasemos de
pudorosos, ¿qué quisieras
decirme?

Que esta noche lo siento
aún más fuerte...

¿Tú también?

Un poco más cada día.

4 de febrero

5 de febrero

A veces quisiera decirte muchas cosas, pero las palabras desaparecen. Y no sé cómo expresarme.

¿Ah, sí? ¿De verdad crees que descubrir que tenemos tanto en común, compartirlo tan directamente, hablar tanto rato, disfrutarlo, regocijarnos, emocionarnos, dejarnos sorprender por las palabras del otro nos produce un placer tan inmenso que a veces es tan grande que es difícil expresarlo en palabras? No me digas, menuda locura.

6 de febrero

21:40

Esta noche estoy leyendo cosas muy bonitas. Especialmente una carta de Nabokov, sí, otra vez y siempre, que, para mí, es la definición pura del amor: «No lo voy a ocultar: estoy tan desacostumbrado a que, en fin, me comprendan; tan desacostumbrado, digo, que en los primerísimos minutos de nuestro encuentro pensé: esto es una broma, un engaño, una mascarada… Pero además… Hay cosas de las que cuesta hablar: es como si les quitasen su maravilloso polen al rozarlas con las palabras… […]. Eres preciosa… […]. Te necesito, sí, mi cuento de hadas. Porque tú eres la única persona con la que puedo hablar, ya sea del matiz de una nube, del tintineo de un pensamiento o de que hoy, cuando fui a trabajar, miré a la cara a un girasol alto y él me sonrió con todas sus semillas». Quería compartirlo contigo.

No tengo palabras.
¿El amor es un asunto
que te preocupa?

Muchísimo.

Te entiendo. El amor es lo que tiene.
Es lo más misterioso
e intrigante que existe.

Y también lo más hermoso.

7 de febrero

23:12

¿Puedo confesarte un secreto?

Claro.

Eres guapo.

No tenías por qué irte. Fue muy intenso cruzarme contigo de improviso en ese bar.

¿Eso crees?

Me hubiera encantado que te quedaras.

Pero es el placer de la espera.

Y la fantasía de la espera.

Las fantasías son lo mejor de la vida.

No sé.

La espera desesperada es inútil.
Pasarse demasiado tiempo
fantaseando no es bueno.

Hay que pasar a la
acción, es importante.

8 de febrero

20:28

¿Qué planes tienes esta noche?

No lo sé, pero tengo ganas de relajarme un poco.

Ojalá todas las noches fueran como la de ayer para cruzarme contigo por sorpresa.

Siempre contigo, como ayer, pero sin que te vayas.

Cuanto más te veo, más ganas tengo de verte.

Ahora mismo, el menor roce de tu mano me hace saltar el corazón.

A mí también, que lo sepas.
Pero desde hace ya tiempo.
Bueno, lo digo como si hiciera
décadas que nos conocemos
y no solo unas semanas.
Pero, para mí, eso ya es
toda una vida.

Es como, no sé. El tiempo
es muy relativo.

Sí, es otra cosa con la que no
estoy de acuerdo. Sigue siendo
un concepto de lo más humano.

9 de febrero

20:50

¿Qué haces dentro de una hora? Igual es un poco atrevido, pero me gustaría mucho (volver a) verte. Además, es domingo. Y estoy tristona.

Ven a verme. Celebremos tu atrevimiento y tu tristeza, además del fin de mi soledad por hoy.

10 de febrero

09:06

09:11

09:30

10:00

Gracias por el beicon, las rosas y también por haber cambiado la soledad por mí. 🖤

Hay pocas cosas
que no daría a cambio
de un domingo contigo.
Un beso 🖤

11 de febrero

22:00

Estoy muy triste. No sé qué he tocado, pero se me ha borrado toda nuestra conversación.

Yo también lo he borrado todo en solidaridad. Empecemos de cero.

Menudo disgusto.
Contaba con tu recuerdo.

¿Era necesario empezar de nuevo?

No, pero lo efímero también está bien.

Además, lo importante es haberlo leído.

12 de febrero

08:45

Sueño contigo sin parar.

¿Y si viviéramos juntos sin parar?

13 de febrero

19:30

A tu lado me vuelvo más cínica, pero estoy menos deprimida cuando la humanidad me cae mal.

Ven a mi casa. Nos abrazaremos mientras contemplamos el fin del mundo con aire satisfecho.

20:15

Estoy en tu portal.

14 de febrero

17:11

Que sepas que lo que te hace inmensamente bella es tu tristeza.

Yo ayer:
Tú:
Yo hoy:

🖤

15 de febrero

12:00

¿Por qué pasas tanto tiempo en mi cabeza?

Porque allí siempre hace sol.

16 de febrero

16:40

La vida es bella sin bragas.

Hoy tengo ganas
de chincharte.

Pues chínchame.

Pínchame.

Hínchame.

17 de febrero

23:02

Es terrible, me siento culpable, me torturo con esta situación que, en realidad, no controlo, no consigo sacarme de la cabeza todas las locuras que tengo ganas de hacerte. Soy incapaz de pensar en otra cosa que no sean tus manos sobre mis muslos y tus dientes clavados en la carne de mi hombro. Y cada vez que lo pienso, me entra un calor que ni te imaginas...

Llevas por el mal camino mis pensamientos más puros.

Me encantan los momentos en los que la embriaguez toma el mando y aprieto «enviar» sin pensarlo. Tendrías que probarlo.

Tengo ganas de mandarte fotos que la moral censuraría. Fotos que te harían sonrojar completamente.

Puedes mandármelas como aperitivo. Estoy preparado.

Vas a ponerme el corazón patas arriba.

18 de febrero

19:30

¿Vamos de fiesta esta noche?

La idea de bailar contigo
me gusta.

Venga.

03:28

¿Dónde estás?

Me he ido a casa,
estaba un poco cansada.
Buenas noches.

¿Algún problema?

12:00

Noto que algo no va bien…
¿Me equivoco?

14:05

No es nada importante,
no sé decirte qué es.

No puedo creer que haya
alguna cosa que seas incapaz
de decir.

14:45

Estaba supercontenta
con el plan de anoche.
Me has descubierto una faceta
de la existencia que no
sospechaba, la de la plenitud
despreocupada, la libertad
ilimitada, la danza incansable.
Seré sincera, aunque sea difícil:
sentí algo insoportable
cuando vi que te quedabas
tanto rato con aquella chica.
Sé que no somos pareja y que
no tengo derecho a decírtelo,
así que preferí volver a casa
para aclararme las ideas.
No creas que quiero hacerte
un reproche, pero me cuestiono
la dinámica de nuestra relación.
Entiendo que necesitas tiempo
después de una ruptura que
debe de haber sido muy dura.
Pero cada vez me cuesta más
aceptarlo, vista la atracción
que sentimos el uno por el otro
y los mensajitos que
nos escribimos todos los días.
Ya no sé cómo llevarlo.

Yo también tengo dudas, créeme.
No pasó nada con esa chica,
yo no quería nada con ella.
Tu mensaje me consterna.
Hay momentos en los que me
gustaría vivir contigo plenamente
todo lo que siento. Pero, a la vez,
me parece precipitado. Es como si
no estuviera preparado para volver
a empezar una relación.

Espero que no vaya a llegar un
momento en el que tengamos
que dejar de hablarnos, porque
eso sería demasiado doloroso
y frustrante. Creo que me daría
mucha pena.

Sé que no es una situación
fácil de llevar.

Quiero que sepas que, aunque
intento controlarlo, no puedo
evitar sentirme perturbado
porque cada día me obsesionas
un poco más. Cualquier cosa
tuya se convierte en algo
inmenso. Y a pesar de mi
resistencia a medias, creo
que me encanta la forma en que
me haces menos misántropo.

20 de febrero

00:40

Te echo muchísimo de menos.

Te extraño, las noches son tristes
cuando tú no estás.

15:10

¿No crees que la pareja y la visión que tiene la sociedad del amor son terriblemente frustrantes?

La verdad es que nunca he creído mucho en eso.

¿En la pareja?

Nunca he sido infiel porque sé que eso hubiera creado mucho sufrimiento a mi alrededor, pero no entiendo cómo se puede reprimir algo tan hermoso como el amor. Siempre he querido que todas mis parejas fueran libres, sencillamente porque el cuerpo del otro no nos pertenece. Ni su alma.

Opino exctamente lo mismo. Se pueden vivir cosas distintas con personas distintas si se saben mantener las cosas separadas. Pero nunca me lo he encontrado en mis relaciones pasadas.

Suele pasar. Yo creo en el amor libre. Eso no quiere decir que no haya celos, existen y son algo normal. Pero creo que, al fin y al cabo, sería más sano vivir liberado de todo eso.

Pero a la vez tengo la impresión de que la exclusividad es lo que hace que un amor sea tan raro y precioso, ¿no?

Me gustaría muchísimo experimentarlo contigo algún día.

A mí también. Pero tenemos que estar muy contentos de habernos encontrado y de poder compartir cosas juntos. ¿Y quién sabe? Algún día quizá estaremos preparados para vivir lo que sentimos el uno por el otro con plena libertad.

Sí. Me haces mucho bien,
¿sabes?

Eso es lo único que cuenta.
No quiero hacértelo pasar mal.
Me importas mucho,
la verdad es que es increíble,
pero eres una de las pocas
personas en quien pienso muy
a menudo.

¿Cómo ibas a hacérmelo pasar
mal?

No lo sé, quiero que sepas
que me importas mucho.

23:04

¿Duermes?

No.

Me gustaría hacer un viaje contigo
en el asiento trasero de un coche,
por la noche.

Me gustaría sentir tu cabeza
apoyada en mi hombro.

Es la única cosa que me
permitiría hacer contigo.

Ayer, durante un segundo,
nos quedamos solos. Cada vez
que pasa el corazón se me dispara
y tengo la sensación de no saber
dónde meterme.

A mí me pasa lo mismo.
Es lo bonito de moderarse.

Es la verdadera clave de la
intensidad del deseo.

Es así como se vuelve inmortal. El deseo, que tan rápido puede desvanecerse, es algo muy frágil.

No sé si algún día tú y yo llegaremos a no estar de acuerdo.

Soy tu gran amor. ¿Por qué lo vas a buscar más lejos?

Si llega el día en el que no te elijo a ti, crúzame la cara.

22 de febrero

16:00

¿Crees que nuestra atracción mutua sería igual de intensa si la experimentáramos del todo?

Tengo el presentimiento de que sí.

Pase lo que pase, para mí es muy importante que podamos seguir contando el uno con el otro.

Creo que ya me has marcado de una forma muy profunda que no parece dispuesta a desaparecer.

¿Me prometes que me lo dirás si algún día la situación te hace daño o no te interesa?

Por supuesto que sí. Por ahora no me hace daño, la verdad, es solo un poco frustrante, por más que me guste la relación tan especial que tenemos. Es un sentimiento complicado y ambiguo.

Mantengamos esta facilidad
para contarnos las cosas.

Hablar de todo esto ayer
hizo que todo se vuelva
más real todavía.

23 de febrero

23:20

Tenía la sensación de estar estrellándome sistemáticamente contra una pared, y cuando tú apareciste fue como si se me abrieran todas las ventanas, todas las puertas, y por fin entrara el aire en el pasillo infinito en el que me encontraba, y como si por fin pudiera respirar y ver el cielo a lo lejos. Ese es el efecto que tienes en mí.

Dentro de mí siempre es verano cuando pienso en ti (especialmente cuando recibo mensajes como este).

24 de febrero

10:00

No tardes mucho.

En volver a volverme loca.

Mi reino por un momento
a tu lado.

25 de febrero

22:40

Te parecerá una memez, pero gracias a ti he aprendido a cepillarme los dientes con la mano izquierda para poder responderte al mismo tiempo.

Es una locura la satisfacción que siento en momentos tan simples como contemplar un paisaje, un avión, recibir este mensaje, escribirte sin descanso. Es la sensación de sentir que estoy en mi sitio.

Es una locura cómo las palabras pueden reconstruir a una persona, cómo los besos en la mejilla pueden ser más bonitos que cualquier morreo apasionado.

Es una locura cómo el juego del azar a veces no se equivoca.

26 de febrero

01:10

Te veo.

Date la vuelta.

05:58

¿Sabes? Me pareces totalmente maravilloso, cada vez que nos cruzamos por sorpresa me pongo como loca, pero quiero que sepas que creo que desprendes una belleza única. Anoche, en la discoteca, estuviste fantástico. Pero yo soy una pringada, tampoco salgo tanto, pero cuando salgo voy a saco, y me fastidia cada vez que te dejo marchar.

Antes de que me vieras llevaba una hora sin perderte de vista. Te veía girando con tu falda, bailando en medio de todos. Me daba la impresión de que la luz solo te iluminaba a ti. Yo era patético, ahí con mis vasos de whisky, tú eras poética, dándote aires de chica mayor. Quizá fui un idiota al dejarte marchar, pero quiero que sepas que me hubiera gustado muchísimo que pasáramos la noche juntos desvelando a los vecinos.

El after sin ti es como el before.

Llámame (pronto).

Y ven (rápido).

Me duele la barriga (ya).

Mándame tu ubicación (sin demora).

¡A la mierda la paciencia!

Voy (enseguida).

27 de febrero

10:00

He cerrado de golpe al salir.
Y he bajado la escalera
dando saltitos.

Ahora voy andando por la calle.
Con una sonrisa bobalicona.
Y pienso en ti.

Me hace sonreír saber que pensar
en mí te hace sonreír, y sonrío
cuando pienso en ti.

Me siento con derecho a
decirte esto: tu boca
me incita a delinquir.

Y yo esto: cuando me paso
la lengua por los labios,
aún tengo la sensación de
sentir los tuyos…

Estos últimos días había
pensado mucho en el aroma
de tu piel acariciada por el sol
y en el sabor que tendría si
tuviera que hacerla estreme-
cer con los labios. Esta noche
he podido descubrirlo. Y ha
sido mejor que cualquier cosa
que hubiera podido
imaginarme. La verdad,
besarte es lo más fuerte
que me ha pasado en la vida.

CAPÍTULO 2

VEN, VAMOS A CONSTRUIR ALGO HERMOSO

28 de febrero

21:40

¿Qué opinas de ese beso?

Te propongo una cosa: yo seré tu musa y tú, la mía.

01:59

¿Cuándo piensas hacerme pasar noches en vela?

Cuando tus hoyuelos acaricien la cara interna de mis muslos.

29 de febrero

Ojalá pudiera grabar tu olor en mi iPhone.

A mí lo que me encantaría es tenerte tumbada en el sofá mientras yo te digo cosas y tú respondes, mientras me dices cosas y yo río, mientras dices que te encanta la música y yo te cuento cosas, mientras me besas y te abrazo, mientras tú transpiras y yo respiro.

Salgo fuera bajo las estrellas, me fumo un cigarrillo con los pies desnudos, pienso en ti, en tu pelo, en tu olor, leo y releo tu mensaje. Ojalá estuvieras aquí para besarte esta noche tan dulce.

Estoy pasando unos días en el campo y sueño con que vengas a buscarme. Pero estoy lejos.

20:01

Vendría a buscarte al fin del mundo si hiciera falta.

¿Incluso aquí?

Esta noche quiero jugar contigo.

Cuidado, cuando empiezas a jugar a ese juego, tienes que andarte con ojo de no quemarte.

¿Y si es lo que estoy esperando? ¿Que lo que tú me das me queme, me consuma totalmente?

¡Hasta dentro de 4 horas!

1 de marzo

2 de marzo

3 de marzo

11:16

¿Sabes? No dejo de pensar en los dos días que hemos pasado juntos, en el cigarrillo que te encendiste, en mi cuerpo desnudo en el sofá, en el orgasmo que acababas de provocarme. La verdad, no sé qué pensar, pienso en todo, en nada, quizá solo en tus ojos clavados en los míos.

11:45

Me siento muy liviano. Iba en bici cantando bajo la lluvia, me puse a cantar mientras ordenaba los libros, tenía una sonrisa bobalicona y una sensación cálida entre las piernas.
Ha sido sencillo pero bonito, comer, beber sidra, lavarse los dientes de cualquier manera, poner una película, hacer el amor, pasar de la película, hablar, reír, darnos masajes, ponernos a ver un anime, comer otra vez, mirarnos, reír otra vez, besarnos a lo bestia y, finalmente, quedarnos dormidos.

Por cierto, te has dejado pestañas y pelos en mi cama. Ojalá te hubieras dejado el cuerpo entero.

Las palabras tienen vida y bailan de una forma preciosa cuando las utilizas tú. Devoro tus mensajes. No sabría cómo pedirte que te aclares las ideas, cuando las mías están a años luz de aclararse. Esta libertad es bonita y es un placer dejar que me meza en sus brazos. Aunque a veces también me pierdo en ella. Puede que un día lo hablemos.

La verdad, es muy guay pasar todo este tiempo contigo, pero vamos a calmarnos un poco: me gustas mucho. Mucho de verdad. No solo un poco, no solo así así. Me gustas del todo. Y creo que empieza a costarme aceptar que no seas mío. Me intimidas muchísimo pero, por encima de todo, me gustas. Más que los demás. Más que las convenciones, la moral. Me gustas porque me interesas tanto que ya no tengo tiempo de ser interesante yo.

Has invadido mis pensamientos,
ya ni puedo concentrarme
en mi libro, así que he hecho
un alto en el camino. Tú también
me gustas (y no poco). En la
vida nos pasamos el rato
encontrándonos con gente.
Gente maja e imbéciles. Gente
a la que solo saludarás una vez,
pero también gente que enseguida
se convierte en importante.
Una persona con la que la
alquimia llega como un bofetón,
una conexión como de conocerse
de toda la vida. Te encuentras
en medio de esto y casi da
miedo cuando te das cuenta
de hasta qué punto tenéis
la misma visión de la vida.
Para mí, este encuentro sucedió
hace algunas semanas. Y se ha
visto confirmado durante
los últimos días. Y ahora mismo
ya no puedo estar sin ti.

«Ocupas un rinconcito
aparte.»

4 de marzo

17:00

Con todo lo que ha pasado los últimos días, no dejo de preguntarme qué somos nosotros dos. ¿Adónde vamos? No sé qué te pasa por la cabeza. Noto que tienes una cierta reticencia a hablar del tema. Pero tal vez sea necesario a estas alturas, ¿no crees?

Intento vivir la vida tal y como se presenta, sin pensarlo mucho. Me cuesta hacer planes y ponernos una etiqueta. Me quedo con lo mejor de lo que vivimos cada día intentando no racionalizar lo que nos pasa.

¿Qué te parece?

De momento, me vale.

5 de marzo

23:35

«Funciona igual de bien en el sexo que en la vida.»

«Yo soy más de improvisar.»

«Me gustan las mujeres así.»

«Entonces nos entenderemos mejor de lo previsto.»

«Y además tan parecidos, mira qué maravilla.»

«Por supuesto.»

«Bueno, ¿vamos a lanzarnos el uno sobre el otro mientras nos soltamos y nos arrancamos la ropa, o seguimos fingiendo que somos civilizados un buen rato más?»

«Dejémonos de chiquillerías.»

«Qué bonito es cuando hablas así, siento cómo el deseo de tu boca se apodera de mí.»

6 de marzo

¿Puedes decirme cosas bonitas?
Sé que no está bien pedirlo
así, pierde la naturalidad,
la espontaneidad, pero
necesito sonreír un poco
y leer algo bonito. Porque
las sonrisas más puras
que me salen me las provocas
tú de todas las formas
posibles. Es como un teorema,
esto es así. Sería un bálsamo
para mi corazón.

Necesito sentir tu sonrisa
contra la mía.

7 de marzo

23:30

(¡Vuelvo a tener tantas ganas de ti…!
Llevo tiempo pensando sin parar en
hacer el amor contigo, en verte, en
acariciarte, pero esta semana es algo
fuera de lo normal, del todo exagera-
do. Se está volviendo peligroso).

Me encanta vivir peligrosamente.

8 de marzo

00:40

Me siento francamente bien ahora que estás en mi vida.

Pero quizá sea demasiado pronto… o demasiado tarde.

O quizá sea el momento más adecuado.

9 de marzo

<3

<3 <4 <5, hasta el infinito.

¿Cómo quieres que no me enamore locamente de ti?

10 de marzo

El único sitio en el que me gustaría estar esta mañana es entre tus muslos.

Que sepas que tu sitio en mi sofá, en mi cama, entre mis muslos y en mi vida aún está calentito. No quiero que dejes que se enfríe.

11 de marzo

16:54

Ya te echo de menos.

Yo te echo de menos siempre.

00:36

¿Duermes?

No, aquí estoy.

Tengo algo que decirte.

Soy toda oídos.

Era improbable que nos encontráramos, impensable. Nuestras conversaciones ponen mi vida patas arriba. Soy una sombra de mí mismo, a menos que lo que se esté convirtiendo en una sombra sea mi pasado. Ya no lo sé. Has derrumbado mis certezas y mis puntos de referencia, has enfrentado mi cerebro a mi corazón, has revolucionado mi cuerpo y mi ego, has hecho que mi mirada sea más intensa y que mis lágrimas salieran. Me has hecho frágil y apetente de futuro, me obligas a quererme para poder cuidarte mejor. Me haces sentir vivo, me haces tener frío, haces vibrar al hombre que hay en mí. No quiero esperar más. Buscaba respuestas desesperadamente en mi interior para sanar mi pasado sin darme cuenta de que ya estaba curado. Tú me has curado.

Me he emocionado leyendo esto… Haces que el corazón me lata tan fuerte que ya ni me oigo pensar.

Pero yo también tengo algo que decirte. Algo tan desagradable como un pelo en la comida. Pero es necesario decirlo ahora que las cosas entre nosotros se aclaran.

Dentro de tres meses me voy a vivir al extranjero. Me han ofrecido una oportunidad que no puedo dejar pasar.

02:30

Tengo la sensación de que acabas de estrangular mi corazón con las manos.

Con todo lo que hemos hablado, me parece muy fuerte que no hayas encontrado ni un momento para hablarme de tu proyecto en el extranjero. Es mucho para digerir por esta noche. Prefiero dejarte, ya lo hablaremos todo más adelante.

Lo siento muchísimo, no sabía cuándo ni cómo decírtelo. No sabía si era pronto, demasiado tarde… Aún no había pasado nada de verdad entre nosotros. Sé que todo esto es mucho de repente. Cualquier cosa menos darte con la puerta en las narices.

Te parecerá una locura, pero me gustaría ver hasta dónde podemos llegar juntos, descubrir cuántas primeras veces y segundas veces y todas las veces siguientes podemos vivir.

Hasta que me vaya y, quién sabe, quizá incluso después… Tú has decidido que ahora quieres ser libre, libre en tu corazón y en tu alma. Y yo quiero vivir esa libertad contigo.

Pero es una libertad con fecha de caducidad.

¿Podemos vernos mañana para hablar de todo esto?

12 de marzo

20:48

00:23

09:30

14:40

23:58

13 de marzo

Soñaba con nosotros como si fuera obvio, un encuentro inimaginable que hacía que el deseo fuera más fuerte y que fuera una locura que la mente no creyera en él. Y ahora que estás preparado, no puedo dejar pasar la oportunidad de que haya un nosotros.

14 de marzo

23:46

Tu silencio me vuelve loca.
Háblame, escríbeme.

15 de marzo

03:05

16 de marzo

12:05

Solo quiero saber cómo estás.
Solo eso.

15:00

Como Humphrey Bogart, dejando
marchar a Lauren Bacall en un tren
de vapor, en una ambientación
de cine negro de los años cuarenta.
En la habitación que tienes
reservada en mi cabeza hay un
desorden increíble. Me siento a
la vez terriblemente herido por la
partida que ni siquiera me
anunciaste y emocionado por
la idea de que tú y yo podamos
vivir algo juntos. Pero ambas
sensaciones son contradictorias.

Esto que voy a decirte quizá
te parezca una locura ahora
que sabes que me voy, pero
no he pensado en otra cosa
estos últimos días de silencio.

Por favor, precipitémonos,
dejémonos ir, ¡enamorémonos!
Sé que es duro e imprevisto,
pero tú también lo sabes: dentro
de 3 meses me iré, dentro de 3
meses es posible que jamás haya
habido un «nosotros». Yo no suelo
liarme en juegos de seducción
infinitos, pero es que contigo
no quiero jugar. Coge todas las fichas,
¡has ganado la partida! HEMOS
ganado la partida.

Espero que esta noche me tomes
de la mano y me saques a bailar,
que nos echemos a reír hasta
no poder más, apartaremos
de un empujón a cualquiera
que se cruce en nuestro camino
y que empiece todo. Por favor, piensa
en lo fuerte que podríamos brillar.

Además, la verdad es que no me
apetece que nos rompamos el
corazón antes de habernos amado.

Sin ánimo de ofender o de acusar,
creo que eres tú quien se ha
llevado mi corazón y me lo
ha devuelto estos días.
A cambio de ese secuestro,
te propongo un rescate.

¿Cuál? Lo que sea.

Que mi cuerpo le siga el ritmo
al tuyo toda la noche.

 Eres el mejor, ¿lo sabías?
Ven a mi casa esta noche.
Te prepararé la cena.

21:40

Lo siento, pero me ha surgido un
imprevisto y al final no voy a poder.

Nunca he conocido a nadie
tan evanescente como tú.

17 de marzo

02:52

Vendré a traerte una cosa mañana cuando salga del trabajo sobre las 17.00.

09:00

Ahí estaré. Con la cena fría. En el portal.

17:20

Paso 10 minutos contigo y se me olvida completamente cómo ha sido el resto del día. Con tu nota en el bolsillo, no sé si he de volver a casa corriendo o caminando hacia atrás.

17:50

Se me saltan las lágrimas con esta nota de una simplicidad perfecta. Guardaré este pedacito de papel en el cajón de las cosas preciosas de mi vida.

18:20

Tengo miedo, ¿sabes? Es como
si hubiera una bomba de relojería
que fuera a explotar en cualquier
momento: mañana, dentro de un
mes, de tres… dentro de tres meses
sobre todo, pero puede que más,
o menos. Hay que aprovechar el
tiempo que se nos ha concedido
para estar juntos, sin importar
lo largo que sea.

Nunca había sido tan yo
como cuando estoy contigo.

Tengo días buenos y días malos.
Pero últimamente me he dado
cuenta de que todos estos últimos
días eran malos cuando
tú no estabas.

Tengo la certeza de que me has hecho cambiar de perspectiva. No quiero abandonar este mundo, quiero que lo descubramos y lo exploremos los dos juntos. Me has cambiado. Y me encanta. Me encanta este poder que ejerces sobre mí, sobre nosotros, cuya existencia tú ni siquiera sospechas. Con solo mirarte… Ver cómo cierras los ojos y olvidarme… olvidarme de todo. Poder ser testigo de eso. Verte vivir e interactuar con todo lo que te rodea. Me fascina. Antes de ti, yo estaba solo entre la multitud, tenía miedo de ser feliz y de creer en algo hermoso. Me hundía en la tristeza, me vestía con ella, era algo cómodo y reconfortante. Y entonces llegaste tú.

Por lo tanto, por duro que vaya a ser, quiero que vivamos juntos los tres meses que nos quedan de la forma más intensa posible.

Eres una chica tan increíble, y me haces tan feliz que, aunque nuestro trayecto sea breve, quiero recorrerlo contigo con los ojos cerrados.

Tengo la sensación de haber acumulado mucha poesía dentro de mí estos últimos años, en muchas formas distintas, y me frustraba no saber qué hacer con ella, cómo expresarla, o utilizarla, cómo aplicarla a mi vida real. Ahora sí sé cómo. Durante estos años, me estaba preparando para que nos encontráramos.

No sé cómo darte las gracias por toda la alegría que traes a mi vida.

La verdad, lo confieso, la noche en la que nos conocimos me di por vencido. Como un pajarillo que cae del nido, me tiré de cabeza en el mismo instante en que me atreví a sostenerte la mirada, que hacía varios minutos que se me clavaba. Y sí, tú me dijiste algo. Pero te suplico que me perdones si no me acuerdo de nada. Estaba demasiado concentrado examinando la estructura de tus pupilas y la forma de tus labios. Creo que fue una idiotez dejar que te marcharas, aunque solo fuera la primera noche que nos veíamos.

¿Vienes a cenar a casa esta noche?
¿Esta vez de verdad?
Y te prometo que no te dejaré marchar. 🖤

A las 20:30 sin falta estoy allí.
Yo también te lo prometo.

18 de marzo

10:00

Esta noche he tenido la sensación de haber llegado a mi destino después de un viaje muy largo. Incluso he llorado un poquito de cansancio y de esperanza. Te has convertido en mi orilla, en mi puerto y en mi mañana.

No sé cómo agradecértelo, pero prometo que haré todo lo posible para que tú sientas lo mismo. Todo irá bien. Será precioso.

Todavía llevo tu olor en el cuerpo. Con cada gesto, mi piel ordena a todos mis sentidos que vayan a buscarte dondequiera que estés para arrancarte la ropa, arrodillarme a tus pies, hundir la cabeza entre tus piernas. Hacerte el amor tanto como sea posible. Volver a cubrirme de ti. Aprenderme de memoria hasta el último recoveco de tu cuerpo. Vivo en un sueño lúcido de amor. Olvido que existe el aburrimiento, estoy en el ojo de un huracán de deseo cuyo bramido aúlla tu nombre.

19 de marzo

19:30

Estoy loquito por ti.

Ya no soy nada sin ti.

20 de marzo

Me pregunto qué somos tú y yo juntos ahora mismo.

Ven, vamos a construir algo hermoso.

CAPÍTULO 3

DESNÚDATE,
TENGO QUE HABLAR CONTIGO

(Un mes más tarde)

21 de abril

18:40

Ya me dirás qué te apetece para esta noche.

Me apeteces tú, ya mismo.

Qué casualidad: entre mis primeros pensamientos al despertarme estaba tu cuerpo.

(Sonrío coqueta.)

(Miro con insistencia.)

(Me muerdo los labios.)

(Una mano en tu cadera.)

(Cierro los ojos y dejo la boca entreabierta.)

Espérame desnuda en la cama con las piernas abiertas, estoy de camino para hacerte gozar.

22 de abril

20:02

Jo, no me había dado cuenta.

¿De qué?

De que el sol nunca se pone en nuestro amor.

23 de abril

09:40

Me encantan tus peinados
perfectos, que yo despeino
entre mis piernas.

Mi ropa interior más
bonita son tus manos.

Un beso. Una mano bajo tu jersey,
la otra debajo de tu falda
y tu corazón al lado del mío.

Hasta la noche, mi amor.

24 de abril

05:02

¿Dónde estás?

Estoy triste y enfadada.
He preferido volver a casa.

● ● ●

Cógelo, por favor…
Necesito entender
qué pasa.

06:30

Tal vez me equivoque, pero creo
que te has comportado de una forma poco respetuosa. Me hubiera
gustado que te dieras cuenta.
No pactamos nada, ni exclusividad
ni no exclusividad, pero imaginaba
que los dos lo teníamos claro. Esta
noche me has hecho mucho daño.

Confieso que no acabo de
entenderlo. Solo me he pasado
un rato hablando. Sin segundas
intenciones. Sin nada que pudiera
ofenderte. No entiendo por qué
reacciones así.

Los ojos con que la mirabas
me han herido muchísimo.
Aunque no haya pasado nada.
Tu indiferencia hacia mí
también me ha hecho daño.
Ya no sé qué pensar.
Después de todos mis
discursitos sobre las relaciones
abiertas me siento ridícula,
pero creo que no estoy a la altura
de mis ideales.

Oye, antes que nada quiero
que sepas que no quería hacerte
daño, para nada. Te pido perdón
de corazón si te sientes así.
Yo solo quiero estar contigo.
No quiero hacerte daño. Jamás.
Sé que tú y yo hemos hablado
un montón sobre las relaciones
abiertas, pero quiero que
sepas que no creo que fuera
capaz de tener una relación
así contigo.

Esta conversación es absurda por mensaje, ¿puedo venir a verte? No quiero que nos quedemos así, prefiero que lo hablemos cara a cara.

Yo no.

25 de abril

Sin darme cuenta, ayer te hice
daño intentando torpemente
no perder el tren, pero es
que me paso jugando con
los cristales rotos y la ironía
del destino, y destruyo todo
lo bello que nos rodea. Tú eres
luz, una luz que yo ansiaba, que
ansiamos todos, eres una musa,
un amor, una amiga en el amor,
un baile perpetuo con el cabello
al viento y los pies ardiendo,
por favor, perdóname, mi amor,
porque no era mi intención
hacerte daño. Perdóname
si he sido torpe
o despreocupado.

No sé qué decir.

Me preocupas cuando hablas
y cuando no hablas,
yo no quiero estar sin ti,
¿lo entiendes?

Anoche me pasé.
Mis palabras fueron más allá
de mis pensamientos, pero
es que me asusté. Y creo que
eso señala algo que no podemos
seguir ignorando. Necesito
de verdad saber qué somos
tú y yo. Si estamos juntos
de verdad. O si es solo un
flechazo que vamos a alargar
unos meses, sin compromiso,
porque yo me voy a marchar.
Creo que no puedo continuar
así si la situación
no se concreta.

16:10

Siempre he querido que fuéramos
exclusivos, nunca lo he puesto
en duda. Aunque nunca lo
hubiéramos hablado. Aunque tú
vayas a marcharte. Quiero que
sepas que soy tuyo. Quiero
que nos pertenezcamos el uno
al otro. No te das cuenta, pero
desde que llegaste a mi vida tengo
la sensación de que has sido
siempre tú desde el principio…

Yo también soy tuya, ¿sabes?
Solo tuya. Del todo.

16:40

¿Nos vemos esta noche para hablarlo? Creo que me hace mucha falta.

26 de abril

Anoche no llegué a decírtelo porque estaba como paralizada, pero te quiero. Te amo desde el lunar que tienes bajo el ojo hasta la comisura de los labios. Desde tu pelo rebelde hasta nuestro refugio de medianoche. Refugio de mis noches. Desde tu susceptibilidad hasta tu sensibilidad. Te quiero por todas tus gentilezas. Te quiero porque has aprendido a amar las aristas de mi caos. Porque das a cada instante una musicalidad que solo habla de nosotros. Porque, aunque los demás sean nuestro todo, a veces tengo la sensación de que tú y yo podríamos ser infinitos.

13:50

Estoy muy emocionado. Leo y releo tu mensaje sin parar. Sin fin. Te quiero, ya no tengo miedo de decirlo ni escribirlo.

Y quiero a tu mente antes que a
tu cuerpo, cuando te veo dormir
a pocos centímetros de mí,
el mundo se vuelve hermoso
y yo dejo de estar triste.
Te quiero, eres mi vida, te juro
que eres mi vida. Eres tú,
serás siempre tú. Haz el equipaje
y ven a pasar unos días a mi casa,
yo te llevo la maleta. Te quiero.
Y no dejo de sonreír como
un imbécil.

Esa sonrisa… es mi
único objetivo en la vida.

27 de abril

28 de abril

16:40

Estoy muy enamorada de ti, cuando te oigo hablar por teléfono siento mil pequeños rkrlglrglgglfmmdbd.

29 de abril

30 de abril

11:20

No sé muy bien adónde nos llevará
esto. Pero puedo decirte que
ya ha dejado su marca. Que ha sido
algo ardiente. Que sabía bien
y era muy dulce. Que era tierno.
Que arañaba y respiraba.
Que era a la vez ruidoso y
silencioso. Que era primavera e
invierno. El caos. Tan frágil, pero
tan poderoso. Era como cuando
estás medio dormida. Serena
pero alerta. Simple. Espontáneo.
Embriaguez. Libertad.

Es la definición del amor
más bonita que
he leído jamás.

1 de mayo

¿Duermes?

No. ¿Qué haces?

Ahora mismo, mis dedos están
entretenidos haciendo dos cosas:
– pasearse por abajo;
– fingir que son los tuyos.

¿Dónde estás?

En la cama, bajo el edredón.

Quédate ahí. Y baja la
intensidad de la luz. Me muero
de ganas de que me pongas
del revés.

Esa idea me obsesiona.

Tengo ganas de que me arañes.

De que me muerdas.

De que me hagas sentir
que te encanta lo que hago.

Sigue.

Me encanta cuando tus
manos me suplican que
pare mientras que tus
ojos dicen lo contrario.

Tengo ganas de hackear todas
tus terminaciones nerviosas.

Tenerte totalmente atrapada
bajo mi cuerpo y, a la vez,
ahogarme en ti.

Me dan ganas de volver a ser un
animal cuando hacemos el amor.

Hacer que te olvides hasta de tu
nombre con mis embestidas y
devolverte a la vida mientras
susurro tu nombre, mientras
te acaricio la oreja con los labios.

Tengo ganas de atarte y de azotarte hasta que me supliques clemencia.

¿Dónde firmo?

En mi piel.

Con la lengua.

Voy a soltar el teléfono antes de morir de deseo. 🔥

Muchos besitos en tu piel tan suave y preciosa que me inspira pensamientos impuros.

Buenas noches a ti también, y a los 13 centímetros que separan tu ombligo de tu pubis.

2 de mayo

08:40

Voy a subir al tren, mi amor.
Te quiero.

09:45

Que tengas buen viaje 🌷
Estoy leyendo un cómic que me
recuerda a ti. Me descubro a través
de tus ojos. Dibujo una línea
paralela a la tuya. Nunca nos
cruzamos para no pisarnos,
pero la distancia entre nuestras
trayectorias es perfecta para
tomarse de la mano, besarse,
hacer el amor y mirarse sin
necesidad de hablar.
Nos queremos al lado, muy cerca.
Justo donde hace falta.

3 de mayo

18:15

Echo de menos tu ingenio.

Y tu culito.

Yo también te echo de menos.
Se me está haciendo larguísimo.
No me atrevo ni a imaginarme
cómo será cuando me vaya de verdad.

Más vale no imaginarlo
de momento. Disfruta
de la familia. ♥

4 de mayo

11:10

Bueno, pues aquí no tengo wifi, así que te mando un mensaje para decirte que te quiero a pesar de eso y que, con Internet o sin, no cambia nada.

Estoy harto. Te echo de menos. Me vuelvo loco. Cuanto menos te veo, más loco me vuelvo.

Acuérdate del placer de la espera.

Todo llega para quien sabe esperar. Nunca he tenido más paciencia que esperando que llegaras a mi vida. No me pasará nada por esperar algo más. Hubieran podido pasar 20 años más antes de encontrarnos, ¡no estamos tan mal!

23:38

Por fin me he metido en la cama
después de una cena interminable.
Tengo tiempo para escribirte.

Te echo muchísimo de menos.

Necesito tenerte abrazado,
debajo de mí, encima de mí,
de no saber dónde empieza
y dónde acaba mi ser. Quiero
estar contigo, sentirte,
experimentarte: quiero ser tú.

Solo sueño con una cosa:
volver a verte y abrazarte
contra mí tan fuerte
que corramos el riesgo
de fusionarnos absolutamente,
de ser solamente uno,
y de abandonarnos el uno
en el otro, hacia y contra todo.
Me encantaría hacer algo
así contigo, creo que
cuando estamos juntos
tendemos a eso.

Tengo la sensación de haber encontrado un alma gemela.

Las almas gemelas existen de verdad, es cierto.

5 de mayo

20:30

Mi madre me hace confesiones de su vida sentimental.

Es como hablar con una chica de 21 años.

Está claro que la edad del amor son los 21 años.

¿Qué te dice del amor?

La edad en que el cariño vuela por los aires.

Dice que también quiere vivir su historia de amor.

No sé por qué pienso ahora en esto, pero tendríamos que guardar en algún sitio fuera del teléfono todos nuestros mensajes para no perderlos nunca.

Son demasiado valiosos.

Hago capturas de pantalla sin parar,
pero empiezo a tener tantas
que creo que hay que encontrar
otra solución.

Es verdad, todos estos mensajes
son nuestra memoria compartida.

No soportaría que
desaparecieran a la que nos
roben el teléfono.

6 de mayo

18:30

No hago más que pensar en esa pared blanca, en tus pechos iluminados por el sol, tus nalgas con las marcas del suelo, nuestras manos tocándose, el calor que nos calienta y dos palabras que solo expresan una cosa.

Nunca había amado de una forma tan completa. No sé ni si esto es normal. Nunca había vivido un amor tan esperanzador.

¿Vendrás a recogerme a la estación?

Sí y que sepas que esta noche es del todo inútil que te traigas el pijama.

7 de mayo

Te veo dormir.
Qué preciosa eres.

Tengo lágrimas en los ojos.

La belleza es el rumor de la luz
en tu cara.

Me voy al curro.
Que tengas un buen día.

10:50

Esta noche ha sido
verdaderamente increíble.

Cada vez que te miro es como si
te descubriera por primera vez,
pero al mismo tiempo tengo la
sensación de no haber conocido a
nadie que no seas tú. Lo nuestro
va más allá del vocabulario,
más allá de las palabras.

Eres mi amor.
Te llevo en la piel.

Y yo en el corazón.

8 de mayo

11:04

Te parecerá una tontería, pero me he enamorado del amor gracias a ti.

Antes de ti creía saber lo que era estar enamorado, pero no tenía ni idea.

9 de mayo

14:40

Joder, te vas en menos de un mes…
es difícil de creer después
de la noche que hemos pasado.
Como si fuera todo algo natural.
Como si nos conociéramos
desde siempre.

Es una locura, pero me sorprendo
esperando que todo se desmorone.

Sabía perfectamente que me estaba
metiendo en un buen marrón
el día que me topé con tu mirada.

10 de mayo

23:45

Entre tus piernas

mis rodillas sujetan las tuyas

no puedes hacer nada.

Tus deseos son órdenes.

19:56

Me pierdo entre los sueños y la realidad cuando te veo de espaldas, desnuda, y tu pelo oscuro esparcido por la almohada me enseña esa nuca que tanto me gusta besar… Creo que ese es el ángulo que más adoro, el que hace que se detenga el tiempo y el momento quede grabado, el que gradúa el deseo y acentúa mi admiración.

Nunca te diré suficientes veces lo mucho que aprecio todas las cosas que me dices. Qué bonito eres. Has puesto en valor lo más horrible de mí. Como una bofetada. Que yo me merecía y necesitaba.

No sé cómo decírtelo. Ojalá pudiera devolverte esta puta felicidad para que sepas qué es lo que me haces, porque no tengo palabras. Está en el límite entre la prosa, la poesía y yo. ¡Y yo no soy más que una chica vulgar de lo más prosaica!

12 de mayo

20:00

Llego a Pigalle dentro de dos horas y me encantaría, señorita, besarla de forma muy impúdica, pero tengo miedo de asustar a los transeúntes.

Allí estaré para besar sus labios y sentir su calor, caballero. A la vista de la embriaguez que me asalta, bendita impaciencia de volver a encontrar su causa y remedio.

Ay, dios.

22:30

Si no fueras ya mi churri, ligaría contigo.

La falda roja te queda de muerte.

¡¿Has llegado ya?!

Baila como si yo no estuviera ahí. Tú bailando eres una de mis zonas erógenas.

13 de mayo

Ha sido maravilloso estar
en tus brazos, pegada a ti,
y luego bailar separados
en medio de la multitud,
con todo el ruido, no había
nadie más que tú. No es tan
genial como estar tumbada
en tu alfombra gritando con
tu cabeza entre mis piernas,
pero tampoco está mal.

Hace apenas una hora que
nos hemos separado y ya te
echo de menos. Hablamos
todo el rato, te acribillo a
mensajes, no puedo estar
sin ti. Tal vez no sepa lo que
nos espera, pero ahora mismo
tengo ganas de quedarme
contigo toda la vida.

14 de mayo

Ay

sí

la noche

contigo

qué vida tan intensa

qué maravilla

y tu corazón

y el mío

los dos juntos

y tú sueñas

y yo sueño

hasta el amanecer

y salimos de la noche como
quien sale de un jardín

con flores en el ojal y un ramo en
la mano.

12:00

Desnúdate, tenemos
que hablar.

15 de mayo

21:50

Siempre había creído que algún día encontraría a alguien. La verdad es que al final estamos igual de solos que al principio, y no hay más motivos para quedarse que para irse. Es una humillación infinita, un espectáculo lamentable sin un telón que permita guardar las apariencias. Como cuando a un niño le sale algo a la primera sin querer, pero luego fracasa en cuanto quiere demostrárselo a alguien. Nacemos sin querer, y lo que sigue no es más que una sucesión de episodios de mierda matizados por una mirada de lástima. Estamos solos.

Eso es lo que creía. Pero entonces apareciste tú.

22:10

Creo que tenía un cofre inmenso
de amor escondido en algún rincón
de mí. Olvidado, inusitado,
erosionado por el tiempo, el viento y
la lluvia. Tú me has llegado tan hondo
que lo has sacado a la superficie.

He leído tu mensaje tres veces.
Y tres veces he sentido
escalofríos de los pies a la cabeza.
Unos escalofríos preciosos.
Como si tu cuerpo y tu calor
me atravesaran de abajo arriba.

16 de mayo

20:10

Tengo ganas de ti.
Tengo ganas de ti todo el rato. En mis brazos, en los tuyos, entre mis sábanas, tú tumbado en mi regazo, yo encima de ti, tú encima de mis labios, yo encima de los tuyos, los latidos de tu corazón, mis mejillas sonrojadas, mi aliento en tu cuello, tus manos en mi espalda y un sinfín de te quieros hasta que no sepamos qué hacer con ellos.

Echaré tantísimo de menos hacer el amor contigo…

Encontraremos la forma, mi amor. Haremos el amor por escrito.

¿Crees que funcionará?

¿Quieres intentarlo?

Sí.

Te lo juro.

A lo largo, a lo ancho o de canto.

●●●

En bragas o desnuda
como llegaste al mundo.

Por delante
o por detrás.

●●●

●●●

Lamiendo tus senos
o devorando tu carne.
Siempre te prefiero a ti.

¿Qué me dices?

¡Convencida!

17 de mayo

16:10

Tengo que decirte una cosa.
Quizá te rías, porque somos
jóvenes e imbéciles y porque
tal vez creas que estas palabras
ya no valdrán nada dentro
de unos años. Pero te lo diré:
te quiero, y pienso quererte
toda la vida. No digo que vaya
a ser fácil ni que no vayas a
tener ganas de terminar con
todo. Pero sí, tengo pensado
durar sesenta años más, por lo
menos. Es mucho tiempo,
¿verdad? Y, sin embargo, no
estoy segura de que todos estos
años basten para demostrarte
hasta qué punto eres la persona
más adecuada para mí.

Entonces te propongo que
lo intentemos hasta nuestra
próxima reencarnación.

22:30

A veces me pregunto cuánto tiempo hace que te quiero, porque tengo la sensación de que es desde siempre. Tu nombre se ha convertido en una emoción.

He empezado a escribir «Eres» y he parado. Me he dicho que sería bonito no escribir nada más y decirte que esta palabra sola me colma de felicidad… «Eres» es lo mejor que podría pasarme.

CAPÍTULO 4

POEMAS DE SENSACIONES

(Dos semanas más tarde)

1 de junio

07:40

Mi amor, me cuesta horrores imaginar que dentro de una semana me iré. Vendré a recogerte esta noche, prepara tus cosas, nos vamos cuatro días. He reservado una habitación preciosa con vistas al mar.

Será un bálsamo para mi corazón, que está a punto de romperse.

2 de junio

3 de junio

4 de junio

5 de junio

09:20

La verdad, no sé cómo
lo has hecho, pero nunca me
habían desnudado tan rápido.
Te quiero hasta morir. Hasta
soñar. Te amo tanto que
me emborracharía cada día
para no pensar en ello, para
olvidarme de preocuparme.

No quiero irme porque
quiero verte cada mañana
con el pelo revuelto, la sonrisa
en los labios cuando te digo
«te quiero», tu risa a carcajadas
cuando me doy en el dedo
pequeño del pie con la mesa
del comedor…
Quiero que seas un himno
en mi vida, mi musa. Lo que
va a pasarnos es terrible.

Si el amor tuviera rostro, sería
el tuyo. Ninguna palabra, por
hermosa que sea, podrá sustituir
todo lo que hemos compartido.
Lo que hemos vivido y lo que
vendrá más tarde en la noche
oscura. Eso es lo que nos queda.
Te echaré de menos. Muchísimo.

¿Qué quieres hacer en nuestra penúltima noche?

Llorar y hacer el amor.

7 de junio

10:40

La distancia no significa nada. Siempre estarás conmigo, te llevo en el corazón. En un lugar especial, indescriptible, casi irresistible. Nunca, y me atrevo a usar esta palabra que parece prohibida, nunca me abandonarás. Quiero conservar tu sonrisa tan preciosa, sobria o ebria, hasta el final.

Estoy loca por ti. A mi manera. Estoy loca por quien eres, por lo que me haces sentir. Estoy loca por el amor, o por este otro sentimiento que aún no sé describir. Te quiero. Quiero tenerte delante y te quiero.

Tengo tanto miedo de todo lo que me espera que no puedo ni moverme.

A pesar de lo muchísimo que voy a echarte de menos, me parece extraordinario que te marches. Admiro tu determinación, tu fuerza, tu valentía.

Sé que todo irá bien porque
tienes muchos recursos.
Recuerda quién eres
y no lo olvides nunca.
No pierdas nunca la esperanza,
confía en ti… y, sobre todo,
cuídate, trátate con cariño
y vuelve conmigo.

¿Crees que puedo hacerlo?

¿Crees que podemos sobrevivir
a esta distancia?

¡Claro que puedes! Quiero
que sepas que nadie cree en ti
como yo creo en ti. Hace cientos
de días que eres mi todo. Espero
que te quedes con un pedacito
de mí en la vida que vas a
empezar. Creo en el amor
y en la fidelidad eterna. No tengas
miedo de los obstáculos,
la vida está llena de ellos.

Y tú, ¿estarás bien?

Por mí no te preocupes,
te quiero y estoy de tu lado
y a tu lado.
Eres mi otra mitad, cuenta
conmigo para iluminarte
cuando te encuentres a oscuras,
no te dejaré, jamás.

Te quiero de una forma
que no es posible. Nadie puede
imaginar cuánto. Aunque no
haya pasado mucho tiempo,
nunca hubiera podido imaginar
hasta qué punto te amaría.

8 de junio

18:30

Estoy en el aeropuerto, mi amor.

Te escribiré.

No soy capaz.

¿De qué?

No quiero que te vayas.

Estos días he sentido mil emociones. Pero al final me has hecho sentir segura e impaciente. Has hecho nacer una gran ambición en mí. La de ser digna de ti. Estar a la altura del hombre que eres. Rivalizar con tu ternura, tu cariño y tu seguridad. Cubrirte de besos y de serenidad. Es una ambición que me llevará toda la vida alcanzar. Pero no se me ocurre una ambición más noble. No te preocupes, mi amor. Todo irá bien.

Princesa, me has hecho mucho bien cuando todo iba muy mal, me has dado lo que necesitaba. Vive tu vida, levanta el vuelo, ya sabes que siempre estaré contigo.

Es tu sueño, si te dejo marchar es porque te quiero.

20:08

Ya estoy en el avión. Llevo días pensando cuál será el último mensaje que te mandaré antes de despegar. Y creo que ya lo tengo.

Jugaremos a piedra, papel, tijera y, si gano, no me olvidarás nunca.

Ya has ganado. Te quiero. Que tengas un buen vuelo y escríbeme si puedes cuando llegues. Eres lo más bonito que me ha pasado.

9 de junio

Espero que estés teniendo un buen vuelo y que ese momento siempre tan extraño de aislamiento suspendido en la atmósfera te haya sido agradable, incluso positivo. Por mi parte, esta noche está siendo un encadenamiento de segundos de soledad: por más que he estado acompañado hasta que me he metido en la cama, pocas veces me había sentido tan solo. En muy poco tiempo has pasado a serlo todo para mí, lo esencial y la esencia misma de la vida. Yo ya lo sospechaba, pero tu ausencia y este silencio de apenas unas horas han hecho que esta verdad se haga aún más evidente. Ya nada me resulta familiar sin ti, me siento desorientado. Tengo necesidad de hablar de ti, de leer nuestros mensajes, de ver tus fotos para intentar infundirme confianza, establecer una conexión y materializar tu presencia. Ya te echo de menos horrores. Te has convertido en toda mi vida. Hasta mi cama parece extraña sin ti.

02:12

Te espero con paciencia y lucho contra una tristeza descomunal. Intento ver el lado positivo de nuestra separación: tiempo para escribirte, para experimentar y poner a prueba nuestro amor, para sentirte dentro de mí, en mis entrañas, anclada en mi ser con más firmeza que nunca. Es algo físico: siento realmente que formas parte de mi cuerpo. Este amor me atraviesa por los cuatro costados, y me siento tremendamente orgulloso de ser amado por una persona tan hermosa.

03:06

No hubiera podido imaginar que esto se haría tan duro de entrada. Me voy a dormir, un beso con toda mi alma.

Acabo de aterrizar, mi amor.
Estoy agotada y nuestra separación
ya me rompe. Mañana te escribo.
Te quiero.

10 de junio

15:00

Por fin me despierto después
de esta noche sin fin. He llorado
un montón en el avión, es una
locura tener la sensación de dejarlo
todo y marcharme tan lejos por
no sé cuánto tiempo. He releído
tu mensaje sin parar al
despertarme, y cada vez sentía
la misma emoción. Estos últimos
días han sido para mí tan intensos
como devastadores... Gracias.
Gracias por estos momentos
inmensos de existencia, estos
instantes de vida y de amor.
Si te miro tanto es porque en
tus ojos veo una chispa que me
levanta el ánimo todos los días.
Conserva tu pureza, conserva
tu amor por la gente y por la vida.
Conserva tu vitalidad, no tienes
ni idea de lo precioso que eres
cuando te dejas llevar por todo esto.
Yo conservo el recuerdo de tu
piel, de tus labios, de tu mirada, de
tu cuerpo. Y cuando me sienta sola
y nostálgica, volveré a verlo en mi
mente. Volveré a estar
ante esa ventana. Volveré a ese
hombre escrutando el horizonte.
Me diré que es muy guapo
y que en sus ojos hay un brillo
que nunca antes había visto.

Y lo besaré…
una vez más.
No te preocupes por lo que
viene, mi amor, afrontaremos
juntos esta distancia.

Estoy ordenando la casa,
borro «el rastro» de nuestras
últimas horas (¿cuántas ya?)
porque parece que mientras
quede apenas un vago recuerdo
embriagador, como la sensación
de la arena cálida del verano
en la piel, tendré que volver a
empezar. He añadido a nuestro
inventario algunos arañazos
y he abierto un cajón de objetos
encontrados: tu sonrisa
está a buen recaudo en
mi memoria, te la devolveré
cuando nos volvamos a ver.
Te acaricio con la punta de
la lengua, como un espejismo,
un intento fallido, un deseo
ardiente. Te amo, mi amor,
aprovecha para instalarte y
llámame cuando tengas un rato.

11 de junio

22:18

Incluso a 2.200 km de aquí, eres el ser humano que más me apetece.

Vendría a verte. El planeta no es lo bastante grande como para que me sienta lejos de ti.

Da igual adónde vaya, mi amor, tú siempre serás mi casa.

12 de junio

07:00

Me gustaría volver a mear en la Place de la République, medio borracho mientras tú te ríes a carcajadas. Deslizarme por la nieve sobre una tabla bajo el sol por un valle mientras tú me sigues.
O abrazarte fuerte en el frío de una estación y contarte chistes malos para que me dejes besarte, estrecharte contra mí bajo el agua hirviendo de la ducha y amarte hasta perder la cabeza.

08:00

Eres mi mañana perfecta, ¿sabes?

Estamos hechos para mañanas soleadas y para tardes lluviosas.

¿Me llamas?

Voy.

13 de junio

19:05

Estoy viendo fotos y vídeos de los últimos meses.

Podría pasarme la vida reviviendo nuestros recuerdos.

Mejor pasémosla creando recuerdos nuevos.

14 de junio

14:00

Esta noche no he pegado ojo, he estado pensando en el momento en el que me llenaste de placer, en esa sonrisa, esa euforia, esa alegría, en ese momento tan corto pero intenso, en nosotros, en nuestros gestos y quería que supieras que te quiero incondicionalmente.

Y que no voy a poder estar tanto tiempo lejos de ti. He estado mirando billetes de avión y podría venir a verte en octubre. ¿Qué te parece?

Qué mensaje tan maravilloso. Cómpralos ya mismo.

15 de junio

Nuestras palpitaciones.

Mi pelo sobre tu pecho,
mis dedos se aferran a tu espalda,
las sábanas arrugadas,
nuestra ropa por el suelo.

Mis manos agarran tu pelo, mis labios
sobre los tuyos, la cama revuelta,
nuestras dudas quedan olvidadas.

Mi cuerpo tiembla y siento
tus gruñidos contra mi cuello,
el tiempo se detiene, el mundo
se calla, tus silencios se llenan
de mis suspiros.

Tu espalda se arquea
y mis caderas se menean,
la noche se escabulle,
el amor se consume y
nuestros cuerpos arden.

Esa es la definición de la pasión.
Podremos decir a nuestros hijos
que la experimentamos
una vez en la vida.

Que fuimos afortunados,
que fuimos felices.

Que estuvimos vivos,
que nos sentimos vivos.

Que nos olvidamos del resto.

Que solo estábamos nosotros dos.

16 de junio

03:10

La camiseta que te dejaste en mi
cama es una tortura y una delicia
cuando no estás
y vuelvo a casa borracho...

Qué te voy a decir de los
calzoncillos que te sisé...

Mis orgasmos son muy
sosos sin ti.

No me hables... El deseo
que siento por ti me
consume a fuego lento.

Me vuelves loco. Miro fotos
de ti. Eres guapa. Qué guapa eres,
joder. Amo tu cuerpo como
un loco, me pone enfermo,
me das fiebre. Tus meneos
de cabeza, tus gruñidos, tus gritos
y tus ojos cerrados encima
de una sonrisa de satisfacción.
Me vuelvo peligroso cuando
tengo hambre de ti.

17 de junio

00:20

Te amo muchísimo.

No está mal.

18 de junio

22:45

Es increíble cómo la ciudad
ya no tiene el mismo encanto
desde que te fuiste. Doy vueltas
sin parar, no consigo
concentrarme en nada. Escucho
a Étienne Daho en bucle.
Voy viendo a gente, pero en
realidad me aburro a muerte.

Llámame para contarme todo
lo que haces, para que sienta
que lo estoy viviendo
yo también un poco.

00:10

● ● ●

02:06

Lo paso muy mal cuando
no contestas. Me imagino cosas
terroríficas. Buenas noches.

19 de junio

10:00

Mi amor, perdóname,
tuve un día de locos
y estuve poco pendiente
del teléfono. Pero pienso en ti
a cada instante. Estás conmigo
a cada paso que doy.

Te echo mucho de menos.
Saberte a tantos kilómetros
de distancia me hace sentir
impotente. Siento en las
entrañas el miedo de no volver
a verte. Deseo todos los días
que vuelvas a mí antes de lo
previsto. Que me escribas
constantemente, que, a pesar
de la distancia, siempre esté
contigo donde estés.

15:16

Siempre estás conmigo
esté donde esté.
«Ocupas un rinconcito
aparte.»

Siento que te agobio,
lo odio, no me reconozco.

Cuando no intentas
gustarme es cuando me
gustas de verdad. Sé tú
mismo, nada más. Estoy
enamorada de ti. De ti.
Por favor, quiérete
y no tengas miedo de dejar
de gustarme. Por favor,
quiéreme a tu manera,
y yo te querré
todavía más.

20:20

La vida es una puta mierda sin ti.

Te echo muchísimo de menos. A veces me duele la barriga, me enfado con el mundo entero por no estar contigo. Por no reír a carcajadas, reír hasta llorar, reír hasta no poder más. Por no poder acostumbrarme a la alegría y a la normalidad de verte. Por no conocernos o aprender a conocernos a la perfección. Gracias. Gracias, porque sé perfectamente lo que es estar contigo hasta el punto de saber también perfectamente lo que me hace dejar de estarlo.

Te quiero, amor mío, no lo dudes jamás. En adelante estaré más tranquila, y si mi amor puede ayudarte en tu búsqueda de serenidad y de paz, tómalo. Piensa que pienso en ti todos los días y que siempre será así. La relación a distancia no es fácil, pero intento enviarte todas mis buenas vibraciones y todo el fuego que siempre he sentido por ti. Debería haber más de una forma de decir «te quiero», porque esta frase se ha convertido en demasiado banal y la verdad es que no hay palabras para definir lo mucho que me alienta pensar en ti. Aunque estemos lejos, aunque otros nos separen. Más que seguir escribiendo, lo que tienes que hacer es cerrar los ojos e imaginar mi mirada. Está bien. Lo has entendido.

21 de junio

09:50

¡La de sol que hace hoy!

Bah... ¡cállate! Aquí estamos a 18 grados.

Aquí, a tu temperatura.

¡Imagínate el calor!

Me excitas como tres cafés. No sé si tengo más ganas de meter la nariz entre tus piernas o en tu historial de búsquedas.

22 de junio

03:00

Vuelvo a casa de fiesta, estoy
borrachísimo y deprimidísimo.
Me he peleado con el taxista,
por poco me pego en la calle
y tengo el corazón
hecho añicos.

No puedo pasar tanto tiempo
separado de ti, te quiero tantísimo
que no quiero volver a estar tan
lejos de ti como ahora, ya está
bien, estás muy lejos, lejísimos,
no puedo más, me paso el rato
escribiéndote poemas
mentalmente, nunca te los mando
porque son poemas de sensaciones,
vuelve pronto, ven a vivir
cerca de mí.

07:00

Ya no soporto pensar
que estemos separados,
que podamos estar
tan tristes. Ya no soporto
pensar que los demás sean
felices. Créeme, mi amor,
aún somos jóvenes
y despreocupados, y en un abrir
y cerrar de ojos sabremos
reencontrarnos y querernos.

CAPÍTULO 5

TE AMODIO

(Un mes después)
23 de julio

24 de julio

25 de julio

26 de julio

27 de julio

22:50

Estoy muy triste, llevas 15
días demorando nuestra llamada.
El tiempo pasa despacio,
pero cada día nuevo
es idéntico al anterior,
y tengo la sensación de estar
atrapado en el pasado.
Esta noche he soñado contigo,
como si me hubieras oído.

15:16

Está claro que ahora esperar
que me mandes un solo mensaje
es esperar demasiado.

Hace semanas que te busco
y no coincidimos.
¿Tienes manual de instrucciones?
No sé, uno facilito como los de Ikea,
que diga qué herramientas
se necesitan y el tiempo
que se tarda.

Lo siento mucho. Ayer por la noche
regresé tarde, y es difícil encontrar
cobertura todo el tiempo.
¿Cómo estás?

...

29 de julio

30 de julio

31 de julio

10:21

Que tengas un buen día.
Espero que estés bien.

1 de agosto

2 de agosto

3 de agosto

23:56

Al principio te dije que no estaba preparado para volver a estar en pareja. Rehuía depender de otra persona. A veces, cuando me mirabas a los ojos, el amor que veía en ellos me daba miedo. Quería que nos amáramos, pero no mucho, que nos echáramos de menos, pero no mucho. Quería ser libre y no pertenecer a nadie.

Me machaqué con eso antes de que te fueras. Y, sin embargo...

Hoy estoy enfermo de tu amor. Te respiro dondequiera que vaya. Te busco por la calle al andar. Te veo en todas las personas con las que me cruzo. Joder. No quería que pasara esto, quería ser fuerte y ahora soy débil y estoy vacío, estoy perdido sin tu olor, tu calor, la suavidad de tu espalda, tu voz dulce que me decía que no tuviera miedo del amor.

4 de agosto

5 de agosto

12:45

Lo siento muchísimo, una vez más no llevaba el teléfono encima.

¿Puedo llamarte? ¿Podemos hablar de viva voz?

Déjalo.

6 de agosto

7 de agosto

21:36

Tenemos que hablar.

Este pozo sin fondo de silencio también es insoportable para mí.

Siempre nos lo hemos contado todo. ¿Por qué ya no lo hacemos ahora?

No lo sé. Creo que estoy enfadado contigo.

¿Todavía me sigues queriendo?

En el fondo, hay una parte de mí que te querrá toda la vida mientras que el resto se muere despacio. Como si fueran esponjas resecas que se encogen cada vez más porque cualquier alternativa parece difícil. Éramos pequeñitos y ahora somos demasiado grandes.

Oye, incluso aunque toda mi v ida haya estallado en mil pedazos después de conocerte, sigo pensando que ha valido la pena. Contigo he sabido lo que era amar de verdad. Todavía lo sé, porque todavía te quiero, desmesuradamente. No siento ni odio ni arrepentimiento ni remordimientos.

Solo un amor cuya llama pierde potencia, un hastío causado por la distancia, una necesidad tremenda de afecto que las palabras no consiguen satisfacer del todo.

¿Qué vamos a hacer?
¿Dejarlo?

No, yo estoy enamorada de ti.
¿Es lo que quieres tú?

Desde luego que no.

Este es un problema que requiere
de una mente muy cartesiana
para resolverlo.

Mi mente sobre todo dice:
«Amor mío, vuelve rápido
a Francia». Con un poco de Étienne
Daho de fondo.

Te echo de menos.

Pues vuelve.

No puedo volver todavía, ya lo sabes. Lo siento mucho. Siento hacerte sufrir, siento hacerte esperar, hacerte esperar tantísimo. Solo espero una cosa, y es que no sea demasiado tarde cuando nos reencontremos. Porque te juro que entonces ya no me esperarás más. Te juro que entonces ya no tendrás que buscarme, que no volveré a marcharme y que te querré como siempre te he querido, pero sin límites, sin angustia, y que ya no sufrirás más por mi culpa.

No puedo prometerte que no sea demasiado tarde. Estoy cansado de verme en la situación mecánica de tener que volcar mis sentimientos a través de una máquina, y de los malentendidos que resultan de ello... a veces no puedo más.

Nunca me había sentido tan solo como desde que te quiero y te fuiste. Y, sin embargo, no consigo evitar quererte. Pero estos sentimientos de soledad vuelven una y otra vez a la carga de manera incesante.

A veces incluso me sorprendo mirando a otras chicas. Y casi tengo ganas de que ellas se fijen en mí, de que ellas me abracen, de que ellas me den un poco de consuelo.

Todo esto es muy duro de leer. Por poco me cargo el teléfono al recibir este mensaje. Pero cuando lo pienso me doy cuenta de que yo siento exactamente lo mismo.

No entiendo qué es lo que nos pasa. Vivir un amor así y tener la necesidad de que nos consuelen otros es el colmo.

Pensemos en esto y
sigamos hablando mañana.
Me muero de sueño.

Pero antes de cerrar los ojos
déjame decirte que te quiero.
Tengo ganas de verte. Tengo ganas
de mirarte interminablemente.
Quiero estar a tu lado.
Quiero ahuyentar tus demonios.
Te quiero, joder.

8 de agosto

Esta noche no he podido dormir. Estamos hechos para estar juntos, estoy convencida. Espero con impaciencia el momento. El momento en el que estaré preparada para volver. El momento en el que tú estarás preparado. En el que estaremos preparados para ser felices. Pero hoy tenemos que pensar en nosotros. Es muy pronto para renunciar a todo esto. Si tú ya sabes quién eres, te felicito, pero yo todavía no tengo ni idea. Sigo navegando por las aguas misteriosas de mi alma. Creía estar preparada. Preparada para ofrecerte todo lo que tengo para ofrecer. Porque, sí, esos sentimientos están ahí. Porque me queman. Pero me doy cuenta de que estoy muy lejos de estar preparada. Es una de esas cosas indefinibles que no me salen cuando hablamos por teléfono. Creo que no debemos renunciar a nuestro amor. Esa sería la peor de las ideas. Pero podríamos concedernos más libertad. Para ahuyentar la soledad y darnos algo de perspectiva: lo que hay entre nosotros seguirá siendo algo sagrado, aparte, intocable.

Es muy duro leer esto.

10:00

Esta noche yo tampoco
he pegado ojo. Aunque me hace
sufrir muchísimo, he llegado
a la misma conclusión que tú.
He entendido que no estamos
preparados para mantener
la distancia y la exclusividad.

Me parte el alma decirlo porque
te quiero, pero creo que te quiero
de la forma en la que queremos
a aquellos con quienes nos
encontramos a veces, sin saber
cómo, sin saber por qué, te quiero
en tu totalidad, por todo lo que
eres, me da igual lo que me des
o me dejes de dar, y de una forma
u otra me gustaría seguir
teniéndote siempre en mi vida.

Igual que tú, creo que debemos recuperar nuestra libertad sin enturbiar nuestro amor. Solo tengo un miedo que me paraliza.

¿Cuál?

No quiero que tu corazón se vaya a otro sitio.

10:11

A ver, me he ido al otro lado del mundo y sé que la distancia complica las cosas, pero eso no cambia nada de mi amor. Te quiero como el primer día. Eres mi flor salvaje. Mil fracasos para intentar que me quisieran por lo que nunca iba a ser hasta que tú me tomaste de la mano y abrazaste mi pasado confuso y mi presente incierto. Borraste mis dudas con una sonrisa fugaz.

Eres el sol tibio, tranquilizador
y especial, y me haces sonrojar.
Hoy he aprendido que el amor
no siempre va de la mano
del dolor… Me deslumbras.
No te vayas nunca muy lejos,
no quiero sentir ningún otro peso
en el corazón que no sea el
de tu cuerpo que me ama.

Mi corazón no se irá a ningún
sitio. Será exclusivamente
tuyo. Te lo prometo.
Permitámonos tener aventuras
sin emociones.

Intentemos poner en práctica
nuestras conversaciones sobre las
parejas abiertas. Y nuestros ideales.
Mientras conservamos nuestro
amor. Mientras sepamos que somos
algo especial. Démonos este tiempo.

Vamos a recuperar nuestra
independencia. Tendremos que
apañárnoslas cada uno por su lado
hasta que podamos volver a vernos.

Ser fuertes no es una elección, es
necesario.

El tiempo que estuve sin ti me lo pasé buscando a tu sustituta. Ahora que estás ahí… Ya no tengo nada que buscar.

Acaba de caerme una lágrima por la mejilla… Te quiero.

… Te quiero. Sé valiente.

9 de agosto

10 de agosto

01:40

No puedo pegar ojo…
¿Duermes?

04:05

Acabo de llegar, no había
visto tu mensaje.

11 de agosto

12 de agosto

20:26

La ausencia de tu presencia
o la presencia de tu ausencia,
llámalo como quieras, pero es
siempre lo mismo. Son mis
despertares sin ti a mi lado,
las comidas que preparo para dos
y acabo comiendo sola, las duchas
solitarias y las noches frías.
Tengo la sensación de que estás
por todas partes, el simple
repiqueteo de unos pasos o el roce
de una chaqueta me hacen pensar
en ti. Somos almas gemelas,
y no hablaré en pasado porque
para mí nada ha terminado, esto
es solo algo pasajero, como
lo es desde hace varios meses.

Lo añoro todo, tu piel, tu voz
y tus rizos morenos que te
retuerces sin parar cuando estás
estresada. Sin ti, nada es lo mismo,
dices que esta decisión es para bien,
pero la verdad es que es dificilísima.
Eres mi persona preferida,
que lo sepas.

13 de agosto

09:05

Sé que todo esto es muy duro. Pero debemos intentar estar contentos por haber conseguido superar una etapa de nuestro amor. Me has enseñado a alegrarme por cada imprevisto, a decir que sí, a volverme loca de deseo, loca de ganas de vivir, a lanzarme de cabeza a lo desconocido, a gozar sin trabas, a celebrar la vida, la vida libre y desenfrenada. Eres tú quien me ha enseñado todo esto. Está claro que vamos a conseguirlo. Además, el 26 de octubre vienes a verme. Ese momento no puede quitárnoslo nadie. Será solo nuestro.

Aunque todo esto sea muy duro, me encanta el riesgo de quererte, me encanta tener miedo de que cada adiós sea el último. Por una vez, tengo la sensación de que no controlo nada. 26 de octubre… esta fecha da vueltas por mi cabeza sin parar. A partir de ahora es la única que cuenta.

Y estoy segura de que llegará antes de lo que creemos.

14 de agosto

04:00

No te enamorarás de otra, ¿me lo prometes?

Confiemos el uno en el otro, mi amor.

12:02

Prometámonos que lo pararemos todo si empezamos a enamorarnos de cualquier otra persona.

Prometido.

15 de agosto

11:07

Me voy unos días a la playa a recargar las pilas. He decidido abandonar un poco el teléfono para aprovechar y reencontrarme. Me hace mucha falta.

Haces bien. ¿Me escribirás un poquito de todas formas?

Lo intentaré. 🌷

16 de agosto

17 de agosto

23:02

Espero que estos días de
desconexión cerca del mar
te vayan bien. Es tarde, acabo
de volver y estoy pensando
en ti tumbada en la cama.

La forma que tienes de hablar
con todo el mundo por la calle,
de maravillarte por todo, de jugar
como un niño, es algo muy
especial. El mundo tendría
que estar lleno de gente como tú,
sería un lugar mucho mejor.

18 de agosto

12:10

Un pensamiento salado.

19 de agosto

20 de agosto

21 de agosto

22 de agosto

19:23

Ya he vuelto. Me ha dado verdaderamente la vida tomarme estos días.

Qué bien, me alegro muchísimo por ti.

Ahora nuestras últimas discusiones me parecen menos angustiosas.

El amor nunca debería ser angustioso.

Ya no me preocupo, ¿sabes? Puedes irte a dar la vuelta al mundo, ver a quien quieras, hacer lo que quieras. Yo siempre intentaré que te sientas como en casa en mis brazos.

23 de agosto

24 de agosto

20:37

¿Deberíamos hablar de nuestras aventuras? ¿De nuestra relaciones abiertas?

No, no creo. Por mi parte, no tengo necesidad de saber nada.

Vale.

Que me hagas esa pregunta hace que se me pare el corazón.

Solo quiero establecer unas reglas.

26 de agosto

27 de agosto

01:36

Y cada noche, cada suspiro, son tus manos en mis recuerdos.

28 de agosto

29 de agosto

30 de agosto

1 de septiembre

20:31

Me emborracho con los ruidos
que haces, con los silencios que se
te escapan, con los suspiros que
te salen cuando no sabes dónde
estás. Estoy llena de ti: de tus
sonrisas, de tus miradas, de la
forma de tu cara. Saturo mi alma
de los recuerdos que me dejaste, de
los énfasis que me impones,
de las palabras que resuenan en
mis oídos, que me abofetean el
alma. Volverás, seguro, porque
te echo de menos, porque en el
fondo siempre nos olvidamos,
desaparecemos el uno para el otro,
nos enfrentamos a la verdad, nos
obstinamos, ¡y echamos el vuelo!
Que sepas que yo no he tirado la
toalla, ¡nosotros dos no hemos
terminado! Te he escrito cartas, he
juntado frases hasta no saber dónde
meter las comas, hasta no poder ni
respirar... Dime, ¿lo superaremos?

Has hecho que todo saltara por los aires, las barreras, las fronteras, todo lo que yo tan meticulosamente había ordenado. Y es perturbador, es del todo desestabilizador, pero también embriagador… Hay momentos en los que te echo de menos. De una forma atroz y dolorosa. Y hay momentos en los que podría estrangularte. Tal vez yo no sea una persona sencilla, ni necesariamente fácil de seguir o de comprender. No sé muy bien dónde estamos tú y yo. Sé que te echo muchísimo de menos, que te quiero, y que ya no soporto imaginar que ves, besas y haces el amor con otras mujeres. Y luego me siento profundamente imbécil, porque sé que es lo que habíamos acordado. Pero no soy capaz. Y, joder, cómo odio sentirme imbécil.

Tampoco lo hemos hecho tan mal, bailar este vals algo doloroso y torpe de frío y calor. Pero ahora tengo ganas, por un momento, de dejar las armas.

Llegas el 26 de octubre.
Me gustaría que dejáramos
de escribirnos hasta entonces.
Quiero dejar de estar pendiente
del teléfono todo el día
esperando ver esos tres puntos
miserables que significan
que me estás escribiendo
pero no lo consigues.
Lo necesito para aclararme
y para dejar de volverme
totalmente loca imaginándote
siendo completamente libre.
Sufro demasiado. No consigo
hacerme a la idea de tener que
compartirte.

Nos vemos el 26 de
octubre, mi amor.
No me seas muy infiel
hasta entonces, y no me
olvides, por favor.

Nadie tiene tu sonrisa
ni ese hoyuelo que me
vuelve loco. Me encantaría
escribirte: «Ven, vamos
a beber para olvidar que
no estamos juntos…».
Pero no estás aquí.
Nos vemos en octubre.

Te amodio.

CAPÍTULO 6

MIS NOCHES OSCURAS

(Dos semanas más tarde)

17 de septiembre

15:40

Un mensajito furtivo, cruzo rápidamente nuestro jardín íntimo que se ha quedado desierto... Es curioso cuánto echo de menos las conversaciones que teníamos en las que el tiempo no existía y nuestras divagaciones nocturnas. Desde que la vida ha retomado su curso y hemos dejado de hablar, tengo la sensación de que ya nadie me espera cuando vuelvo a casa por la noche. Me siento casi como si me hubiera quedado vacía. Como si fuera una botella descorchada. Me falta una luz irracional y tierna en mis noches oscuras.

Vi tu story y el corazón se me puso a cien por hora. Eso tal vez quiere decir que no te olvido.

●●●

Por favor, no respondas a este mensaje.

CAPÍTULO 7

EL TIEMPO QUE NOS QUISIMOS, LIBRES Y BELLOS

26 de octubre

14:10

Estoy en el aeropuerto. No he
sido capaz de subir al avión.
Lo siento. Sentía tanta tristeza
esta mañana, tanto amor por ti
que no tuve tiempo de darte.
Ya está, me voy, me marcho,
mejor dicho, me quedo. Te dejo,
no te abandono, nos dejo respirar,
nos dejo espacio, tiempo para
reencontrarnos tal vez más
adelante, con fuerzas renovadas.

El tiempo que durará esta
ruptura, esta interrupción,
nadie lo sabe, pero yo
nunca me volveré un
extraño para ti, ni tú
para mí, y siempre te
querré, de una forma u otra.

Te dejo, pero en mi corazón
siempre estarás conmigo.
Los momentos más bonitos
serán también los peores.
Los repaso en mi cabeza como
el instante fatal. Ahora me
parece evidente que me metí
en la trampa más bella y más
dolorosa de mi vida. Tendría
que haberlo sabido, lo decían tus
ojos al posarse en mí, demasiado
límpidos, lo decía tu sonrisa al
hablar, lo decía mi piel al tocar
la tuya. Y también más tarde, lo
decían tus suspiros en el hueco
de mi cuello, como un aviso.
Mis manos estaban siempre
demasiado frías y las tuyas,
demasiado calientes. Aquello
me decía a gritos que iba a
morder el polvo. Quise creer
que podía salir victorioso.
Que no me estaba metiendo
en algo demasiado gordo para
mí. No me imaginaba este dolor.
Nadie se imagina nunca el
dolor. Sobre todo la primera
vez. Pero ahora estoy bajo
el chaparrón y ya sé lo que es.

No he podido subirme
a este avión porque no soportaría
volver sin ti y tener que
dejarnos otra vez. Me imagino
perfectamente la alegría
del tiempo que hubiera podido
pasar contigo, pero es una alegría
que pagaría muy cara
en el regreso a casa.
No soy capaz. Igual que no
he sido capaz de asumir mis ideales
sobre la felicidad y mi visión
de la pareja. Me muero de ganas
de que me digas que vas a
volver, pero sé que es imposible.
Y yo no soy tan fuerte.

Hay que rendirse a la evidencia,
tal vez estos instantes
compartidos no debían durar
más que el tiempo de un baile
y tal vez la canción ya ha
terminado. He perdido el
ritmo, me ahogo en una
relación que ya no me sabe
igual, y cada segundo me
recuerda el tiempo que
nos quisimos, libres y bellos,
de esperar al amanecer para
dormirnos después de una
noche de amor.

Tal vez llegue el día en el que
nos queramos para toda la vida,
pero no va a ser en esta vida.

27 de octubre

28 de octubre

29 de octubre

30 de octubre

31 de octubre

1 de noviembre

2 de noviembre

3 de noviembre

4 de noviembre

5 de noviembre

20:59

Parece que ya no tengamos nada que compartir. Menuda idiotez, la verdad. Igualmente, no puedo echártelo en cara. Hay muchas cosas en mí que me convierten en una persona despreciable. Como mi mala costumbre de querer huir de todo. Mi insistencia por quererte en un mal momento. Hubiera tenido que escribirte antes para decirte que voy a volver. Tal vez hubiera tenido que pedirte disculpas.

Me pongo de rodillas. Ante los caprichos del destino, ante las circunstancias, ante las casualidades, ante los imprevistos. Ante la positiva fragilidad de nuestros caminos. Del mío besando al tuyo.

Tus ojos sonreían. Desprendían un esplendor vaporoso, la promesa de un lugar lejano lleno de aventuras al que yo no merecía ir. Y de tu belleza hosca, de la que nadie parecía percatarse, nacían en mí las ensoñaciones repentinas en las que se ocultaban nuestros silencios, pruebas que yo me permitía abrazar con sonrisas. Te he querido. Locamente.

Y tú me has roto el corazón. Aunque pienso que, en el fondo, poco te importa.

CAPÍTULO 8

∴

NOS DESPEDIMOS EN SILENCIO

(Un año más tarde)

27 de octubre

18:06

Ya hace un año. Me digo que no volveremos a vernos nunca y me pongo un poco triste. Sé que nos despedimos en silencio. A veces recuerdo tus hoyuelos y tu sonrisa. El mundo entero debería conocer tu sonrisa, eres maravillosa cuando sonríes. Tuve que ver a otra gente, aburrirme con otras chicas para darme cuenta de todo el sol que albergaba tu sonrisa. La he recordado varias veces a lo largo de esta noche que se ha convertido en un fin de semana entero, el sol no ha llegado a salir. Tu levedad me tranquilizaba una y otra vez, pero llega el día en el que hay que levantarse, y no soporté el ruido de estar despierto, todo me parecía hostil después de ti, y era como si hubiera cogido la rabia cuando te fuiste. Tú no destruiste mi cólera, solo la ahuyentaste, y se quedó esperando a que desaparecieras para volver a atacar con fuerzas redobladas. Me dije muchas veces que te faltaba arrojo y valentía, pero ahora me doy cuenta de que eso no tenía ningún sentido.

Pido la luna desde el momento en el que tuve la cobardía de apartar los ojos de ella. Y si le pides la luna a un niño, te la dibujará, es lo que tú hubieras hecho. Hubiéramos tenido que conocernos a los seis años. Me pongo triste porque tu aparición en mi vida fue fruto de varias casualidades consecutivas, tenía la sensación de ir avanzando a trancas y barrancas. No fui a verte y no es que sea triste, pero me mata, porque ni siquiera te dije que me hubiera gustado ir. Me quitabas las palabras de la boca, era como estar drogado. Recuerdo el color de tus ojos bajo el sol de las 6 de la tarde la segunda vez que nos vimos en el andén. Creo que son tan bonitos como los de tu madre, aunque los de tu madre no los he visto nunca. Ese encuentro fue simplemente hermoso, y las cosas hermosas son, lisa y llanamente, muy escasas en mi vida, y es por eso, seguramente, que me guardé la anilla de tu lata de té frío.

No te reprocho nada, me lo reprocho todo a mí. Y estos mensajes no esperan nada a cambio, creo que son simplemente para recordarme que deje de hacer bandera de la cobardía, que impida ya que las palabras se me pudran en la garganta porque no me atrevo a decírtelas. Tal vez tendría que haberme arriesgado a venir a verte.

20:30

Hay días como hoy en los que, aunque he encontrado un cierto equilibrio y una especie de felicidad, no me hace falta mucho para pensar en ti, para echarte de menos. Bueno, no en ti concretamente, porque hoy en día no sé muy bien quién eres ni lo que haces, sino en nosotros.

Echo de menos ese «nosotros».
Un domingo, un rayo de sol,
un helado, un paseo en bicicleta,
una exposición, una siesta, una
especie de definición de la felicidad.
Y bien que he intentado compartir
esa felicidad con otros, pero
no me sabe igual que contigo.

Después de ti, dejé de estar
enamorada del amor.

¿Te acuerdas de lo que
pensábamos del amor?

Sí… Y, además, siempre me he
preguntado en qué momento
pudimos cagarla tanto.

Yo intento, precisamente,
dejar de preguntármelo.

Prefiero acordarme de nuestra
primera cita. Hasta hoy,
me acuerdo de todo, lo he
conservado todo. De las noches
más banales a las más especiales,
y está claro que lo especial
era nuestra especialidad.
De las veces que venías por
la mañana a propósito para
despertarme con cruasanes y
napolitanas, de las películas que
nunca llegamos a terminar, de
todos los detalles que tenías
conmigo solo para hacerme
sonreír. De la primera vez que
dormí en tu casa, de nuestra
pelea de almohadas por la
mañana, hasta la última vez
que viniste a la mía y pedimos
todos los postres del restaurante.
Nunca había tenido un alma
infantil tan grande como la que
tenía cuando estábamos juntos,
y fue muy bonito, y todavía
lo es, y siempre lo será.

La despreocupación y la libertad, la idea de que no había nada imposible cuando estábamos juntos. Me pregunto si hay alguien más que tú que hubiera podido reírse tanto al recibir como regalo un rompecabezas de El principito para niños de 5 a 10 años.

Me pregunto también por quién que no fueras tú hubiera podido hacer cosas tan absurdas pero que tanto encajaban con nosotros, y no tengo respuesta. Tal vez sea una tontería, pero creo que hubiera podido hacer las mayores bobadas del mundo solo por verte sonreír. Era poético, a veces excesivo, a veces tal vez irracional, pero es la relación más bonita que he tenido, y te lo agradezco. Juntos o separados, sé que incluso si no nos lo decíamos siempre, en cierto modo siempre nos hemos tenido el uno al otro y nuestra relación, por extraña que sea, es perfecta tal y como es. Siempre estaré a tu lado. Las cosas cambian, también los vínculos que unen a la gente, pero sabes que nosotros estamos por encima de todo eso. Te echo de menos todos los días, y todos los días mis pensamientos están contigo.

Fuiste el tsunami de mi vida.

23:16

La noche, suponiendo que esa noche exista, que tengas ganas de venir a dormir entre mis brazos, puedes escribirme.

28 de octubre

29 de octubre

30 de octubre

31 de octubre

1 de noviembre

2 de noviembre

3 de noviembre

4 de noviembre

5 de noviembre

6 de noviembre

7 de noviembre

8 de noviembre

9 de noviembre

«Hoy no ha habido carta, pero
no tengo miedo; por favor,
Milena, no me entiendas mal,
no tengo nunca miedo por ti; si
alguna vez lo parece, y a menudo lo
parece, en efecto, solo es debilidad,
un capricho del corazón, que sin
embargo sabe muy bien por quién
está latiendo, los gigantes también
tienen momentos de debilidad,
incluso Heracles tuvo una vez,
creo, un desfallecimiento.
Pero yo, apretando los dientes
y mirándote a los ojos, que veo
incluso a la clara luz del día,
puedo soportarlo todo: lejanía,
temor, preocupación, falta
de cartas.»
Me acuerdo de ti leyendo a Kafka.

Me enervas.

¿Por qué?

Porque después de no sé cuánto tiempo de silencio me vienes con un fragmento perfecto de Kafka. Y siempre tengo ganas de responderte.

Eso es buena señal.

10 de noviembre

11 de noviembre

12 de noviembre

13 de noviembre

14 de noviembre

15 de noviembre

16 de noviembre

17 de noviembre

18 de noviembre

19 de noviembre

20 de noviembre

21 de noviembre

22 de noviembre

23 de noviembre

24 de noviembre

03:05

¿Te acuerdas de aquel día que iba tan borracha que insulté a alguien por la calle y tuviste que llevarme a casa a caballito? Me encuentro en un estado similar y me da mucha risa recordarlo.

09:02

Me pregunté seriamente qué era lo que iba a hacer contigo.

CAPÍTULO 9

EN NUESTRO RINCONCITO APARTE

6 de junio

18:00

He buscado por todas partes.
Sin parar. Tus ojos, tu boca,
tu calor. La forma que tenías de
morderte las mejillas cuando la
timidez te dominaba. Tus
manos capaces tanto de hacerme
creer en un mundo mejor como
de darme un orgasmo. Nuestras
discusiones de mediodía, de
medianoche, de toda una vida.
Tu cuerpo bailando sobre
el mío. La vergüenza que
aprendiste a perder, nuestras
almas sin aliento flotando
sobre el edredón.
La mirada hambrienta que
me dedicabas todas las noches,
todas las mañanas, todos los
momentos que nos pertenecían.
Lo he buscado, joder, no sabes
cuánto he esperado volver a
revolverte el pelo rebelde que
te negabas a cortar, cómo he
esperado volver a pelearnos de
nuevo. He recorrido el mundo
buscando un sitio para poder
reconstruirme por fin, pero no
tengo ganas de estar con nadie
que no seas tú. Hoy me doy
cuenta de que mi vida es una
mierda sin tus dos lunares.

Tú y yo somos inseparables. Como las aves que no sobreviven la una sin la otra. Desde el momento en que nos conocimos, nos hemos perdido y reencontrado sucesivamente. Me gustaría volver a reencontrarte para siempre.

«Es tu sueño, si te dejo marchar es porque te quiero.»
Hace dos años que resuenan en mi interior las palabras que me dijiste antes de que me fuera al aeropuerto.
Todo lo que tengo hoy es gracias a ti, pero te echo de menos, joder. Eres tú, serás siempre tú, y es muy duro. Es duro saberte tan lejos. Es duro verte con otra. Convénceme para que no vuelva, porque estoy a un pelo de dejarlo todo.

Dime que me odias, que no quieres volver a verme, lo que sea. Todavía te quiero, joder. Te quiero… es algo inexplicable desde que te conocí. La vida se ha encargado de que no podamos estar juntos, y es durísimo. He aprendido a vivir contigo y te necesito, y, sin embargo, no podemos vivir como nos prometimos por nuestra culpa, nuestras gilipolleces y nuestra debilidad.

Es difícil de soportar, no consigo poner nuestra historia entre paréntesis, por más falta que me haga. No puedo quererte, o sea que, por favor, bórrame, borra toda nuestra vida e intenta no aparecer en la mía, te lo suplico, ayúdame porque yo no soy capaz.

19:30

¿Y qué hacemos si yo tampoco soy capaz…?

7 de junio

22:42

Nos encontraremos en nuestro rinconcito aparte.

La revolución del amor

*E*l 17 de julio de 2018 pregunté a los enamorados solitarios por su definición de la Revolución del amor. He aquí una recopilación:

—Es hacerse responsable de los propios sentimientos y emociones, fomentar la bondad y la comprensión. También es quererse a uno mismo. Quererse a uno mismo para querer más a los demás.

—Es no necesitar motivos para amar, amar simplemente, amar sin más.

—Es fumarse un piti antes de hacer el amor y no hacerlo después.

—Es aceptar que alguien pueda desmontarnos los planes de vida que tan meticulosamente hacemos.

—Es darse permiso para querer al otro íntegramente como ser humano y no como un trofeo o como una herramienta contra la soledad. Y creo que, en un mundo egocéntrico como el nuestro, en el que intentamos vernos reflejados en los ojos del otro antes que ver al otro, esta revolución es crucial y gratificante.

—Es querer a dos hombres a la vez y ser feliz.

—Es aceptar lo que nos dan y dar lo que podamos. Es saber comunicarse. Es dejarse invadir y ser capaces de invadir.

—Es liberarse de todos los códigos de una sociedad que no se da cuenta de que la humanidad solo necesita dos cosas: amar y ser amada con total libertad.

—Es romper con los dogmas, relegar al olvido las convenciones y las normas. Es amar sin reservas, sin pudor, sin miedo. Es ser uno mismo, sin artificio.

—Es salir de todo lo que hemos aprendido desde niños, es construir nuestra propia visión del amor, es apartar de nuestra mente la necesidad que tenemos de poseer a otra persona y sus sentimientos.

—Es cuando un niño pequeño aprende a decirle «te quiero» a su madre delante de todos sus amigos.

—Es asumir el riesgo de encontrar a alguien que no sea partidario de la Revolución del amor y hacerle cambiar de parecer.

—Es dejar de tener miedo de andar libremente entre la multitud. Avanzar victorioso, adalid de la libertad por un día, y decir a todos los que amo: aquí me tenéis, liberada de mis cadenas.

Enamorada locamente del amor, al crear la cuenta de Instagram Amours_Solitaires pretendía recopilar mensajes de amor hermosos en un único lugar. Un lugar digital donde podríamos recordar para siempre todas esas palabras importantes. Quería mostrar que la sensibilidad no es una debilidad y que expresar nuestros sentimientos es algo inherente a nuestra humanidad.

Mensaje a mensaje vi cómo se reunía una verdadera comunidad creciente que compartía las delicias del amor y del lenguaje y daba fe de la libertad que les daba la cuenta: la de comprender que no estamos solos.

Ver que éramos tantos me convenció de que ha llegado la hora de atravesar nuestras fronteras y dar comienzo a la Revolución del amor. La que proclama que es necesario expresar los sentimientos. La que dice que no hay una sola manera de expresar amor, que no hay un solo amor y que la expresión de esos amores no está reservada a un solo sexo.

TRABAJAR PARA UNA NUEVA LEGITIMIDAD DE LOS SENTIMIENTOS AMOROSOS

Desde hace demasiados años, los sentimientos han caído en desuso. Los denigramos, los apartamos a un lado, nos burlamos de ellos por considerarlos ñoños, frágiles, anticuados. En el prólogo he mencionado el refrán «En la guerra del amor, el que huye es vencedor». Lo que expresa este refrán es la necesidad de camuflar los propios sentimientos y adoptar una actitud indiferente que va en contra de lo que uno siente para seducir, gustar y mantener cerca a quien queremos.

Al ensalzar la indiferencia y convertirla en algo deseable, este refrán convierte la sensibilidad, las emociones y los sentimientos en supuestos signos de debilidad. Como si para gustar a una persona nos viéramos obligados a ignorarla. Mientras que, en el fondo, todos esperamos lo mismo: enamorarnos y que alguien se enamore de nosotros.

Basta ya de fingir.

Si amamos, digámoslo; si deseamos, demostrémoslo. Hay tantísimos matices y posibilidades a la hora de expresar los sentimientos que sería muy trágico amar mientras se rechaza el amor.

Ya es hora de volver a poner de manifiesto los sentimientos amorosos para despojarlos de todos los prejuicios que los lastran. Valoremos la sensibilidad, las emociones y los sentimientos como fortaleza y no como debilidad para crear una sociedad más humana y justa basada en el respeto, la empatía y la bondad.

LIBERAR LA PALABRA

Esto no podrá llevarse a cabo sin una liberación de la palabra íntima. Una palabra «positiva», una palabra para expresar los sentimientos y las emociones, palabras bellas, a veces poéticas, a veces toscas, pero siempre honestas y por fin liberadas de todo lo que las amordaza: el pudor, la vergüenza y el miedo.

Sintámonos libres para decir a quienes amamos: «Te quiero», «Tengo ganas de ti», «Me gustas», «Sueño contigo todas las noches», «Desnúdame», «Cásate conmigo», «Mírame», «Ven a buscarme enseguida». No tengamos miedo de hablar «bien» el idioma del amor, hay tantas formas de hablarlo como segundos en la vida de cada uno de nosotros, seamos del sexo que seamos.

TRABAJAR PARA LA IGUALDAD ENTRE LOS SEXOS RESPECTO A LA EXPRESIÓN ÍNTIMA

Durante mucho tiempo, la historia nos ha dado a entender que la sensibilidad era un rasgo típicamente femenino. Imaginábamos que solo las mujeres eran capaces de emocionarse, de sufrir por amor, de sentirse melancólicas. Por contra, el deseo se ha construido durante mucho tiempo como un impulso masculino: solo los hombres podían experimentar y expresar deseo, hablar de forma directa, ¡y eso es mentira! Todos somos capaces de ser sensibles, románticos y eróticos. No es cuestión de sexo, sino de humanidad.

En la cuenta de Instagram, los mensajes de amor que publico son anónimos. Es difícil deducir el sexo del remitente y la naturaleza de su relación con el destinatario. Además, es muy poco frecuente que me pregunten si el autor del mensaje es hombre o mujer. Tengo la sensación de que el anonimato nos hace libres. Libres de mandar nuestros mensajes para que los publiquen, libres de reaccionar, libres de leer la intimidad de los demás.

PREDICAR UN DISCURSO DE TOLERANCIA

Más allá de la liberación de las palabras de amor hay un combate subyacente: luchar por todas las formas de amor y de sexualidad. En Amours Solitaires se habla de follamigos, del BDSM, de salir del armario, de la diferencia de edad en una relación, del poliamor, del amor a distancia. La única regla es fomentar la tolerancia y la bondad en las relaciones humanas. Amemos a quien queramos, donde queramos, cuando queramos, como queramos.

El amor puede tener muchas caras y encarnaciones, no cerremos jamás la puerta a ninguna de sus manifestaciones.

CREAR UN ESCENARIO SEGURO

Amours Solitaires es un refugio en el que nadie juzga, donde nadie es ignorado, agredido o víctima de *ghosting*. Donde lo único que creamos es amor hasta la máxima expresión, una bondad ilimitada, empatía y respeto. Muy a menudo ya ni tengo que intervenir cuando alguien nuevo comenta un mensaje con excesiva dureza. La misma comunidad expresa la necesidad de ser tolerante y recuerda que detrás de cada mensaje publicado hay una persona que acepta descubrir una parte de su intimidad y que merece toda la atención y comprensión que podamos darle.

Este espacio de bondad permite acoger a quien quiera formar parte de él, darle la posibilidad de expresarse y encontrar oídos atentos y comprensibles. A veces, esta comprensión puede resultar confusa. Tal vez parezca extraño conmoverse ante las historias de los demás, porque tenemos la impresión de que la vida de uno es algo íntimo. Y sin embargo, aunque cada sentimiento y cada relación son algo único, encierran una universalidad de emociones que permite que cada uno se identifique y se reconozca en las palabras y las vivencias de los demás.

Y, al fin y al cabo, nos permite darnos cuenta de que ya no estamos solos y no hay que temer a la soledad.

QUERERSE A UNO MISMO

Revolucionar el amor es, al fin y al cabo, quererse a uno mismo, aceptarse, valorarse. ¿Cómo vamos a ofrecer y aceptar amor de otros cuando nos rechazamos a nosotros mismos?

REVOLUCIÓN

En su libro *Lifetide*, Lyall Watson explica que, en 1952, en la isla de Koshima, en Japón, los primates se alimentaban de boniatos que los científicos habían arrojado a la arena. A los primates les encantaba ese alimento novedoso, pero los boniatos estaban cubiertos de arena, cosa que suponía un problema. Una hembra jovencita llamada Imo encontró la solución lavando y pelando los boniatos antes de comérselos. Por mimetismo, todos los primates jóvenes de la isla copiaron la técnica mientras que los adultos mantuvieron la costumbre de comerse los boniatos sin lavar. Años más tarde, los científicos constataron que todos los primates ponían en práctica la nueva técnica y, lo más extraño de todo: ¡también los de las islas vecinas! Lyall Watson elaboró la teoría del efecto del centésimo mono, donde el número cien representa el «umbral» a partir del cual da comienzo la revolución: bastó con que un centésimo mono se uniera al grupo de los que lavaban los boniatos para que toda una especie adoptara el mismo hábito.

En nuestro caso, ¿quién será el ser humano número cien que nos propulsará a otra dimensión en la que el amor reinará? Si cada uno de nosotros hace la revolución en nuestra intimidad, un día conseguiremos que lo haga el mundo y habremos llevado a cabo la Revolución del amor.

Citas

Página 25 y 37. Nabokov, Vladimir: *Cartas a Véra*. Ed. Olva Vorónina y Brian Boyd. Trad. Marta Rebón y Marta Alcaraz. RBA, Barcelona, 2015.

Página 27. Gustave Flaubert.

Página 264. Fragmento de una carta de Franz Kafka a Milena, con fecha del 16 de julio de 1920. *Cartas a Milena*. Trad. Carmen Gauger. Alianza Literaria, Madrid, 2015.

Agradecimientos

*Q*uisiera dar mi más sincero agradecimiento a los 278 colaboradores que han hecho posible este libro. Gracias por confiarme los tesoros de vuestra intimidad. Gracias por vuestra prosa maravillosa, por vuestro ingenio y vuestros juegos de palabras, por vuestros pareados, por vuestros poemas, por vuestra ironía sin límite, por vuestras declaraciones para quedarse muerto, por vuestros mensajes subidos de tono que sonrojarían a más de uno, por transmitir tan bien vuestras emociones y sentimientos en estos mensajes que, hoy, salen de su contexto original para dar forma a una gran historia de amor.

Un agradecimiento enorme por vuestro apoyo, vuestro compromiso y vuestra poesía.

Este libro es vuestro.

Y, finalmente, un agradecimiento muy especial para la musa y para la consejera de este libro, ambos con nombres emblemáticos en materia amorosa: Romeo y Julieta.

Este libro utiliza el tipo Aldus, que toma su nombre
del vanguardista impresor del Renacimiento
italiano, Aldus Manutius. Hermann Zapf
diseñó el tipo Aldus para la imprenta
Stempel en 1954, como una réplica
más ligera y elegante del
popular tipo
Palatino

Amores solitarios
se acabó de imprimir
un día de primavera de 2019,
en los talleres gráficos de Liberdúplex, s. l. u.
Crta. BV-2249, km 7,4. Pol. Ind. Torrentfondo
Sant Llorenç d'Hortons (Barcelona)